WOHN- UND TISCHDEKO MIT KÜRBISSEN

Elegant, dekorativ, selbst gemacht

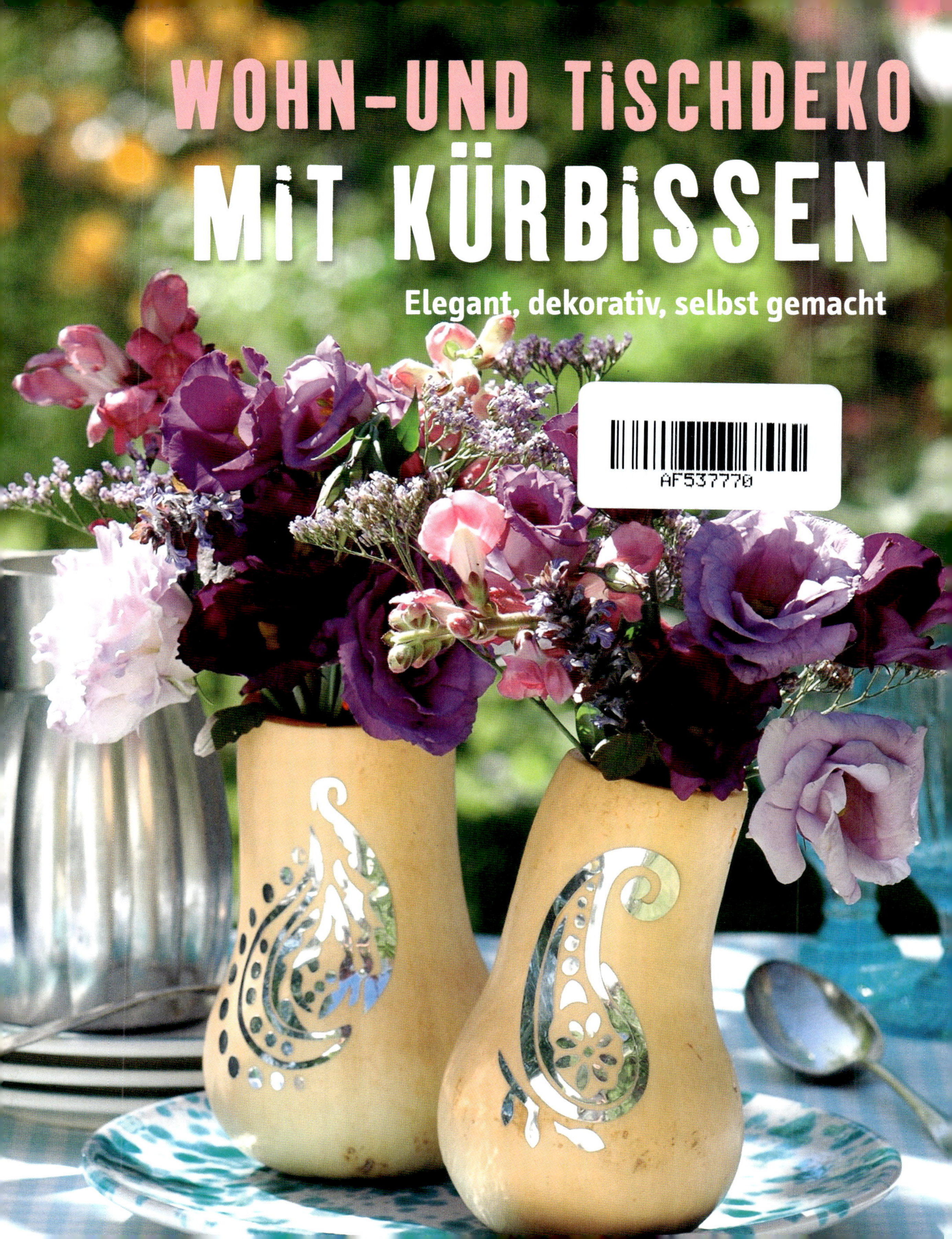

iNHALT

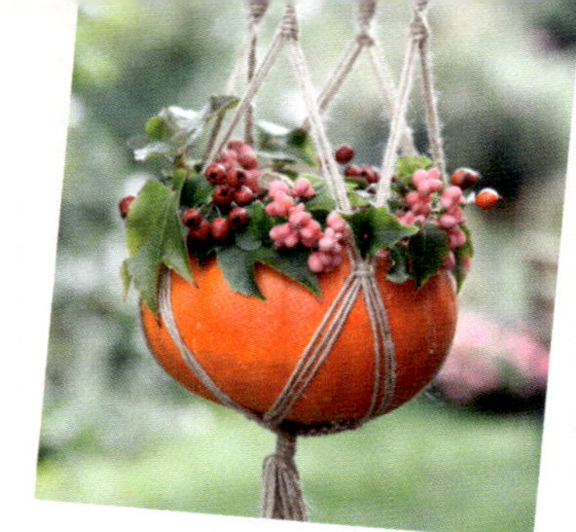

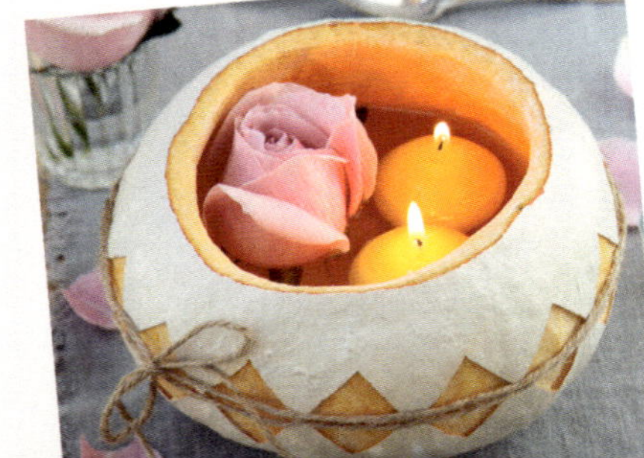

HERBSTZEIT IST KÜRBISZEIT –

aber nicht nur: Kürbisse gibt es inzwischen von September bis Januar, manche Sorten sogar das ganze Jahr über. Warum also nicht mal einen dekorativen Weihnachtskürbis zum Leuchten bringen oder zu Silvester die Festtafel mit elegant angesprühten Zierkürbissen in Silber oder Gold dekorieren?

Leuchtende Kürbisse mit tollen Mustern machen sich immer gut: ob für laue Spätsommerpartys im Freien oder gemütliche Herbstabende im heimischen Wohnzimmer, sie sind immer ein Blickfang.

Denn wer liebt sie nicht, diese farbenfrohen Früchte, die durch ihre originelle Form und ihre Vielfalt bestechen? Denn längst gibt es sie nicht mehr nur in Orange oder Grün, in Rund oder Flaschenförmig! In allen Größen, Formen und Farben kommen sie daher, von weiß über mintgrün zu hellgelb und zart-orange. Und wer die Form mag, aber eine andere Farbe vorzieht, kann sich hier ebenfalls austoben: Angesprüht in pastelligen Kreidefarben oder eleganten Metallictönen wirkt jeder Kürbis gleich ganz anders.

Und damit Sie das kostbare Fruchtfleisch gleich mitverwerten können, finden Sie zum Schluss noch drei leckere Rezepte mit originellen Serviervorschlägen.

Viel Spaß beim Dekorieren und Kochen!

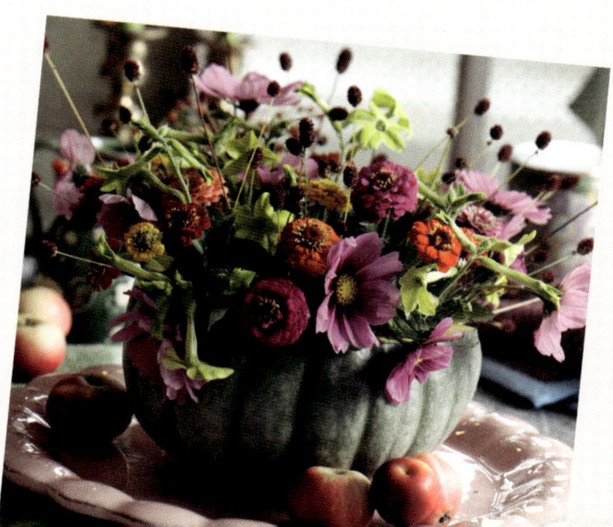

KLEINE KÜRBISKUNDE

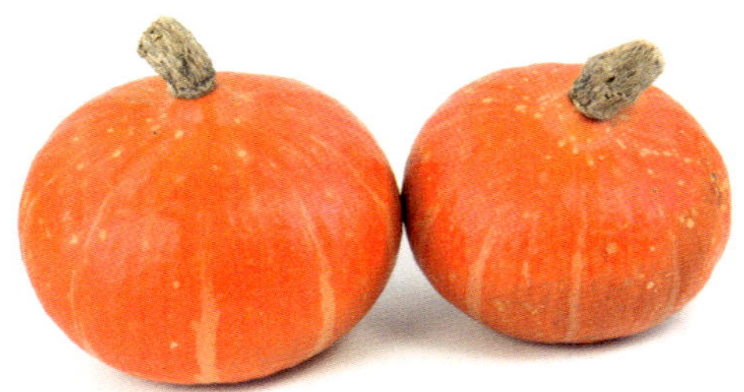

Der HOKKAIDO-KÜRBIS ist eine der bekanntesten Kürbissorten in Deutschland. Seine orangerote Farbe und seine runde Form machen ihn in jeder Deko zum Blickfang. Es gibt ihn in verschiedenen Größen von klein über mittelgroß bis groß, was zusammen sehr hübsch aussieht. Das Fruchtfleisch ist für viele Rezepte geeignet.

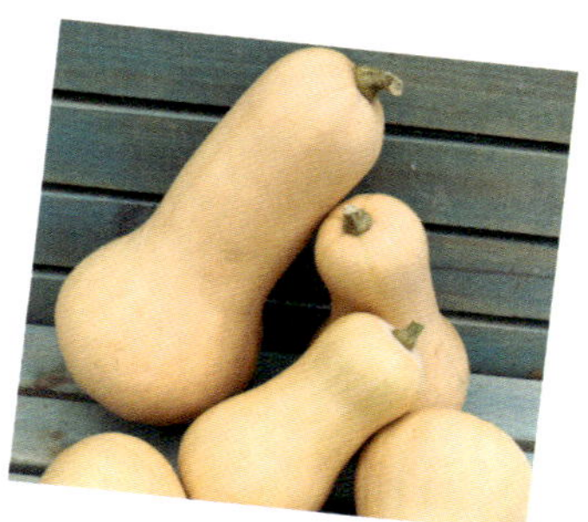

Der hellgelbe BUTTERNUT-KÜRBIS ähnelt mit seinem langen Hals und dickem Boden einer Birne. Ausgehöhlt eignet er sich besonders gut als Vase. Das Fruchtfleisch wird gern für Suppen verwendet.

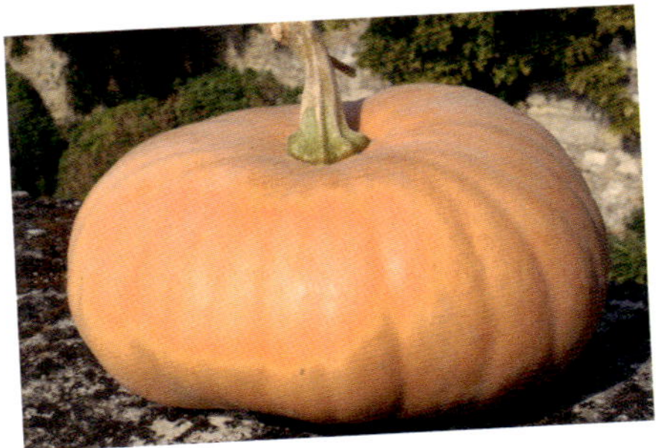

Der MUSKAT-KÜRBIS fällt durch seine kräftig gerippte Schale auf, die sich während des Reifeprozesses von Grün zu Orangebraun verfärbt. Das Fruchtfleisch ist weniger süß und hat eine leichte Muskatnote.

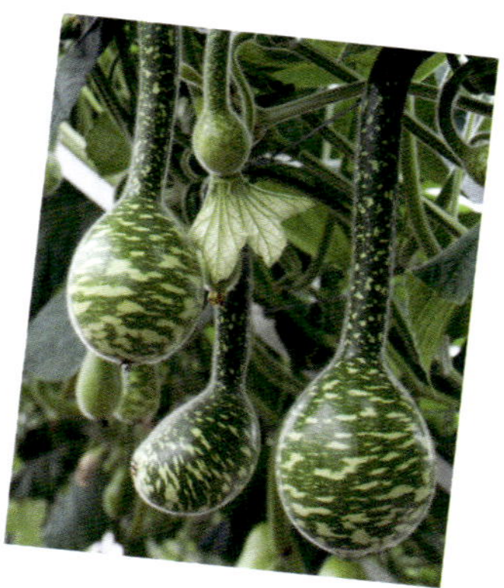

Der FLASCHEN-KÜRBIS existiert in vielen verschiedenen Formen. Charakteristisch ist seine namensgebende längliche Form. Er kann einen Durchmesser von ungefähr 5 cm haben, große Sorten können eine Länge von über 2 m entwickeln. Ein ausgereifter Flaschenkürbis ist nicht essbar.

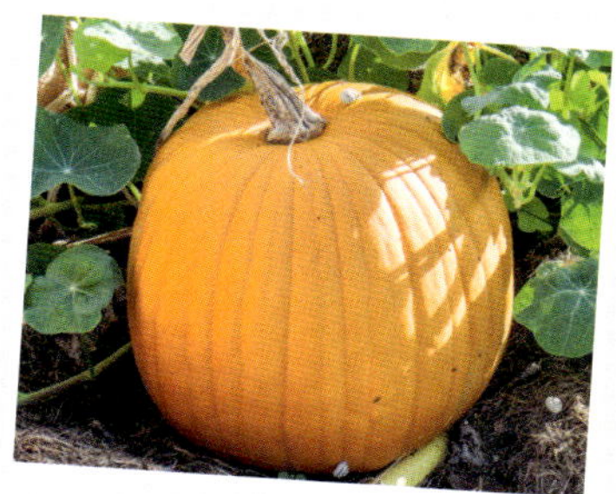

Der GARTEN-KÜRBIS ist in der Regel gelb bis orange, rundlich oder länglich und erreicht eine Größe von 15 bis 40 cm im Durchmesser. Fruchtfleisch und Kerne sind essbar.

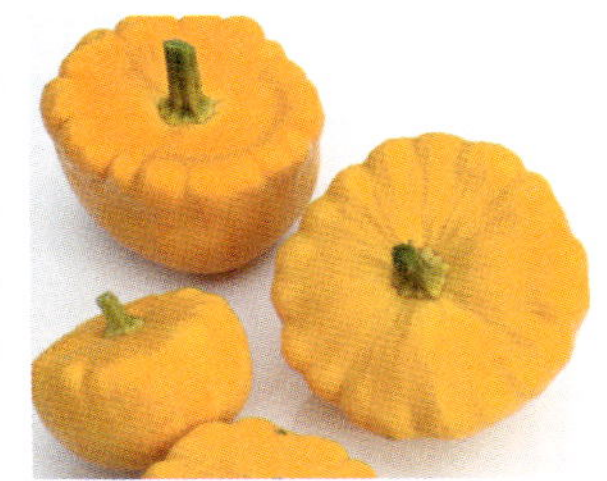

Charakteristisch für den PATISSON-KÜRBIS ist seine linsenförmig abgeplattete Form. Er hat einen Durchmesser von 10 bis 25 cm und ist meist grün, gelb oder weiß gefärbt.

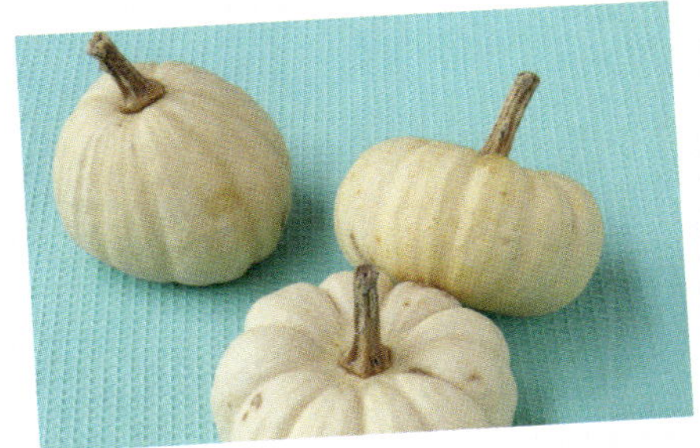

Der WEISSE BALL besticht durch seine gleichmäßige runde Form und die strahlend weiße Farbe. Dieser Zierkürbis hat einen Durchmesser von ca. 5 cm..

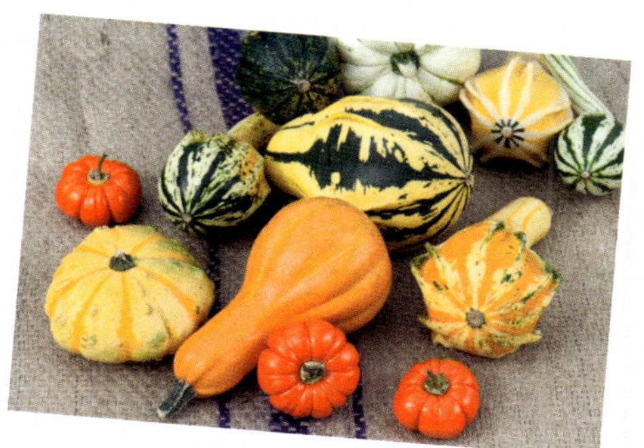

ZIERKÜRBISSE gibt es in allen Farben, Formen und Größen. Ob gelb-grün gesprenkelt, knall-orange, zartgelb, weiß oder grün, rund oder länglich, glatt oder geriffelt, je nach Dekowunsch finden Sie hier auf jeden Fall etwas Passendes. Im Herbst gibt es sie auf Märkten oder an Feldrändern günstig zu kaufen.

MATERIALIEN UND WERKZEUGE

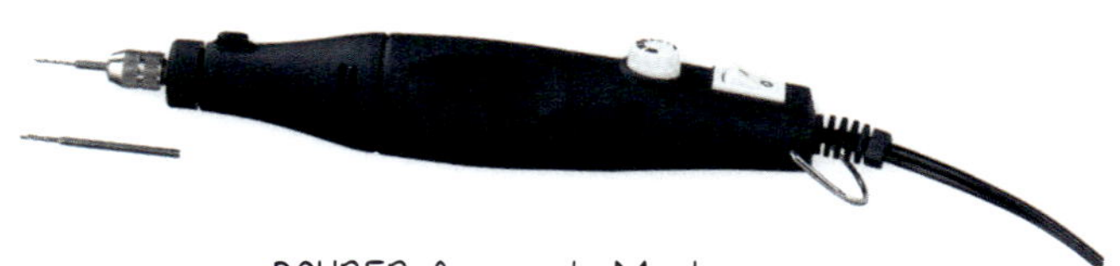

BOHRER für runde Muster

SCHARFES MESSER und ESSLÖFFEL zum Aushöhlen

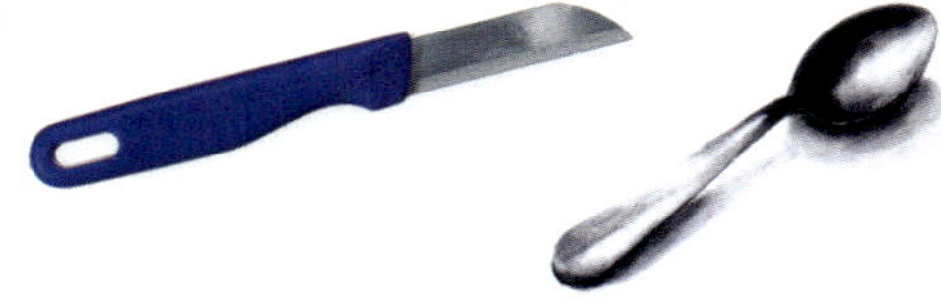

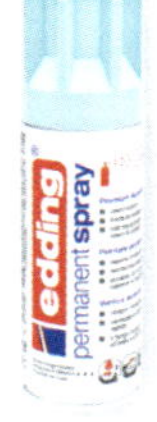

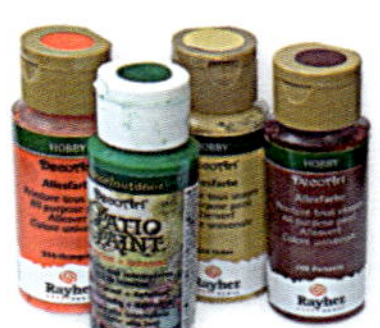

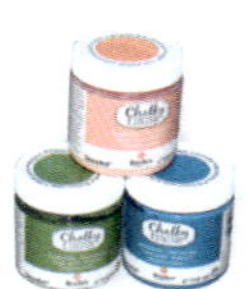

FARBSPRAY, ACRYLFARBEN und KREIDEFARBE zum Bemalen

PINSEL zum Bemalen

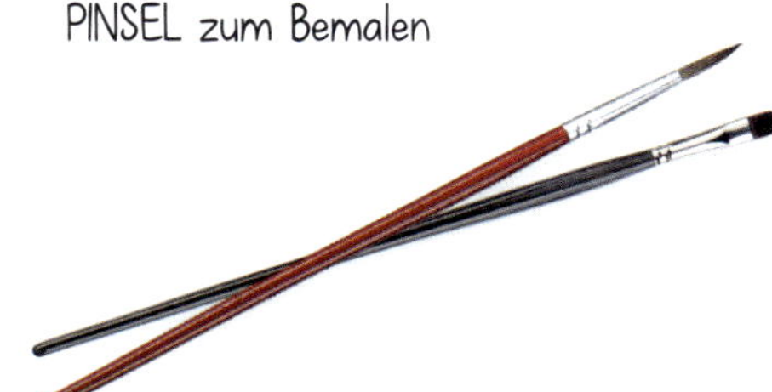

SCHABLONEN als Vorlage für Muster

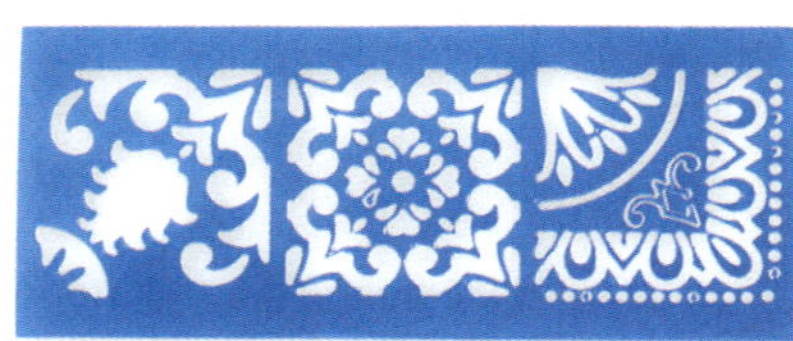

BLEISTIFT zum Vorzeichnen der Motive

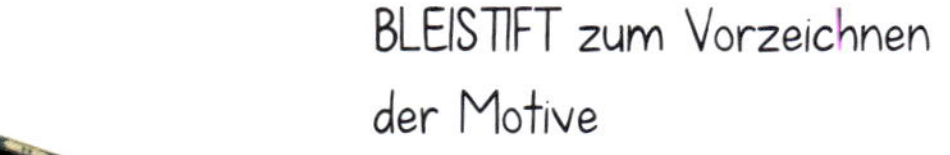

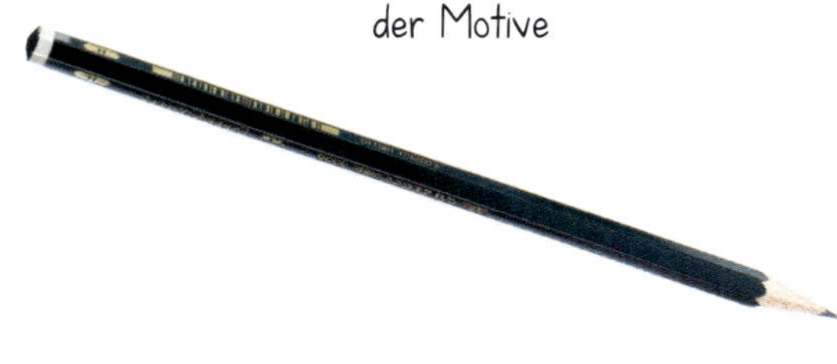

CUTTER zum Einritzen der Muster

SCHNÜRE und BÄNDER zum Verzieren

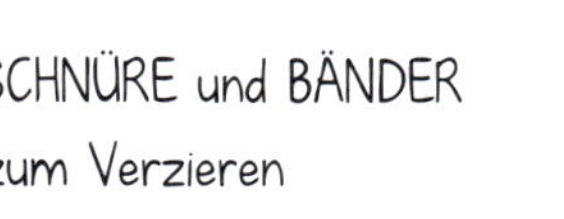

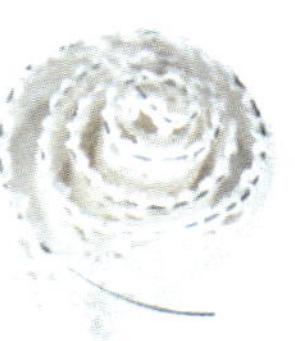

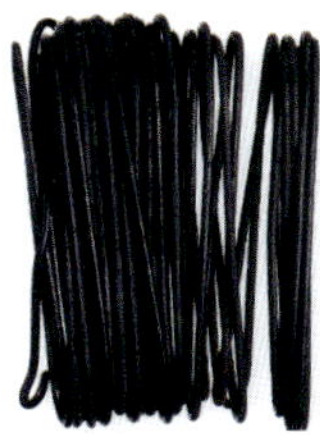

DRAHT und BLUMENSTECK-SCHAUM für Kürbis-Vasen

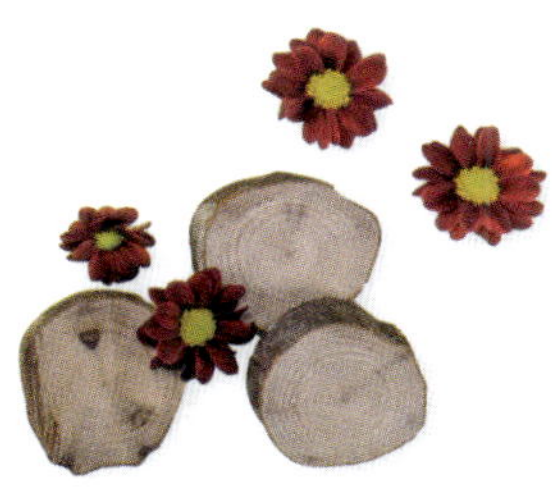

BLUMEN oder PFLANZEN zum Befüllen

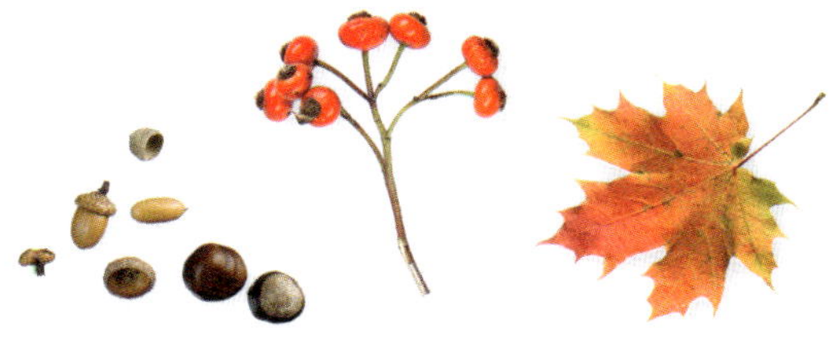

HERBSTLAUB und NATURMATERIALIEN zum Dekorieren

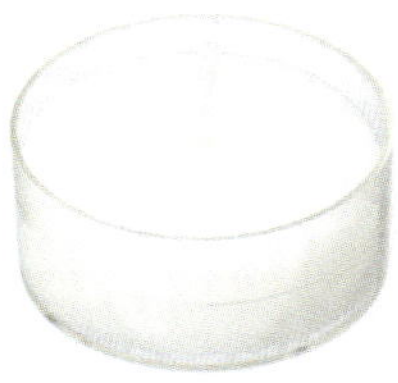

KERZEN oder LED-LICHTER zum Beleuchten

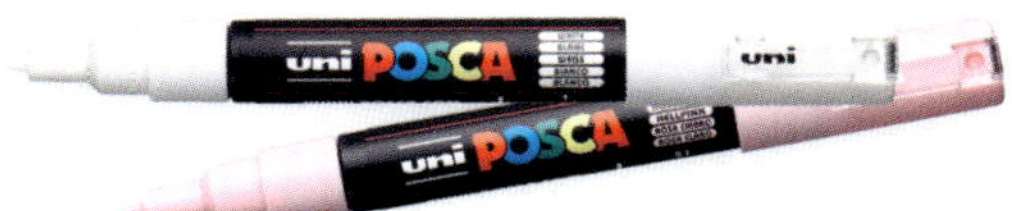

FILZSTIFT zum Aufmalen der Muster

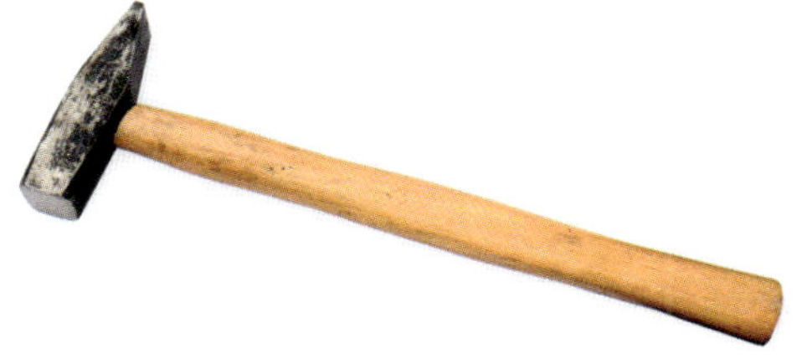

HAMMER und LINOLMESSER für Mustergravuren

kleine SPÜLSCHWÄMME als Stempelkissen

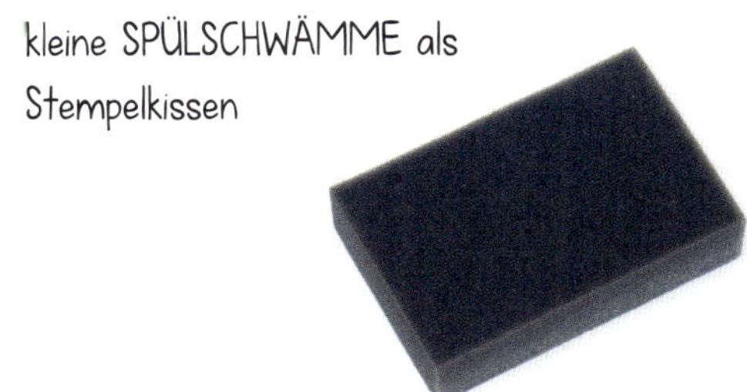

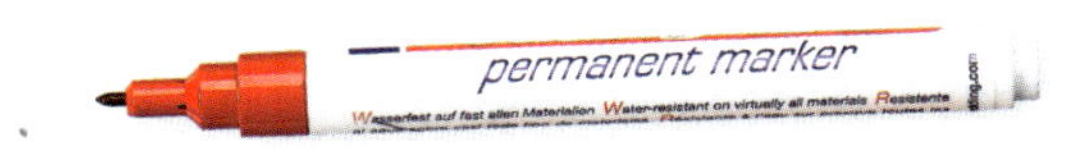

LACKSTIFT für besondere Akzente

GRUNDANLEITUNG

Kürbisse können je nach Sorte sehr hart sein, daher sollten Sie mit wirklich scharfen Messern arbeiten. Seien Sie dabei jedoch immer vorsichtig und achten Sie auch darauf, die Geräte später gut wegzupacken, vor allem, wenn Sie Kinder haben.

Je nach Oberfläche braucht es mitunter ein wenig Geschick, um nicht mit dem Werkzeug abzurutschen und sauber zu arbeiten. Die runde bzw. gebogene Form ist ebenfalls eine Herausforderung, die man aber mit etwas Übung gut meistern kann. Die vielfältigen Deko-Effekte sind den Einsatz jedoch wert.

Kürbisse aushöhlen

1. Mit einem scharfen Messer den Kürbis je nach Modell oben oder hinten aufschneiden.
2. Mithilfe eines Löffels Fruchtfleisch und Kerne entfernen und gegebenenfalls zum Kochen beiseite stellen.

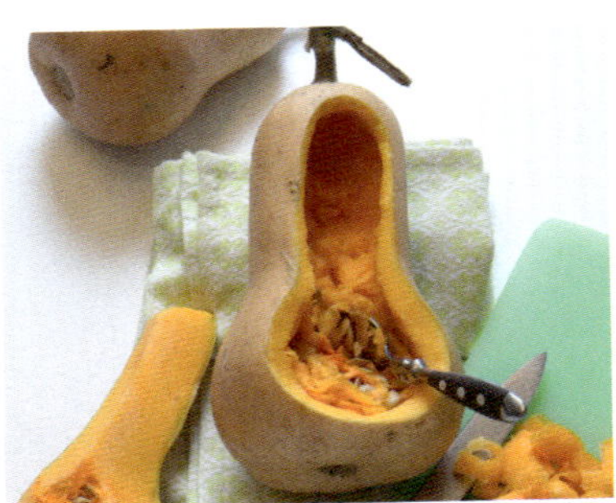

Muster einritzen

1. Muster nach Abbildung mit einem Filzstift aufzeichnen und mit einem scharfen Messer Schlitze, Quadrate, Sterne oder Kreise ausschneiden.
2. Mit einem Apfelausstecher die runden und sternförmigen Muster in die Kürbisse schneiden.

Kürbisse bemalen und bestempeln

1. Zeitungspapier unterlegen.
2. Die Kürbisse bis auf den Stängel mit Farbe anmalen.
3. Wenn Sie mit Stempelkissen arbeiten, etwas Farbe auf den Schwamm pinseln.
4. Nach dem Trocknen die Kürbisse bestempeln. Wenn Sie abrutschen, können Sie die Stelle einfach nochmal mit weißer Farbe bestreichen und dann erneut stempeln.
5. Zum Schluss den Stiel mit goldenem Lackstift anmalen.

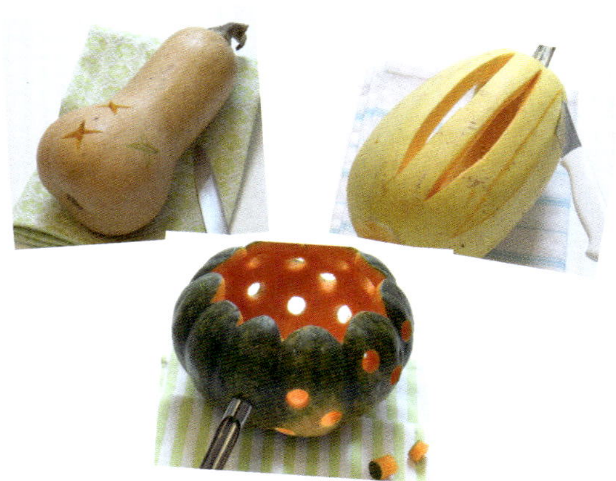

Mit Schablonen arbeiten

Schablone mit Dekonadeln aufstecken. Nach und nach immer nur ein kleines Stück aufstecken und anzeichnen, dann lösen, damit man das Muster der Rundung des Kürbisses anpassen kann. Mit abwaschbarem Filzstift nachzeichnen.

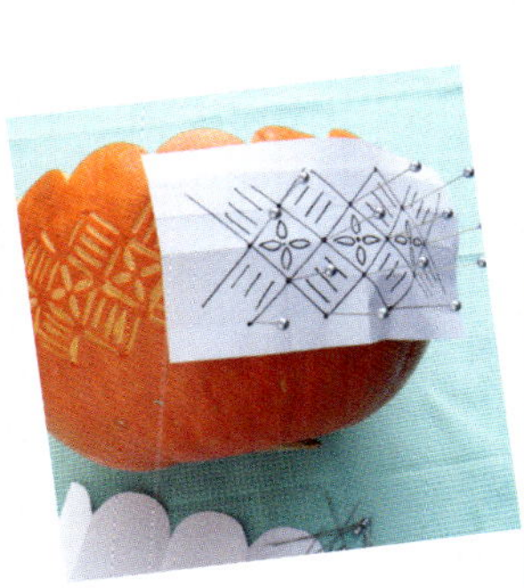

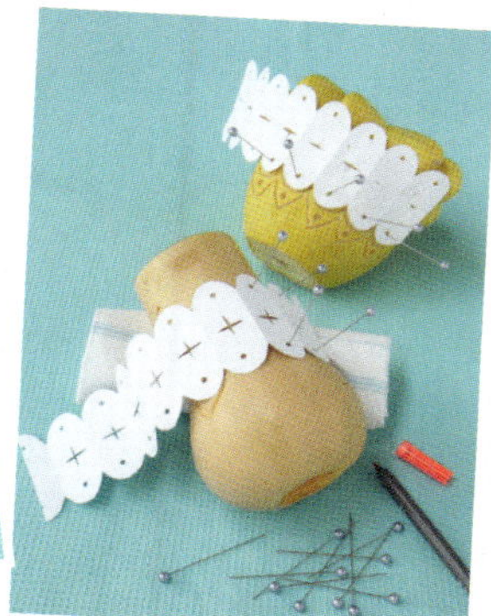

Rautenmuster

Mithilfe einer Schablone Rauten in einer möglichst waagerechten Anordnung aufzeichnen. Dann vorsichtig mit dem Cutter auf der Linie entlang schneiden, dabei jedoch nicht durch den Kürbis stechen, sondern nur die äußere Schale entfernen.

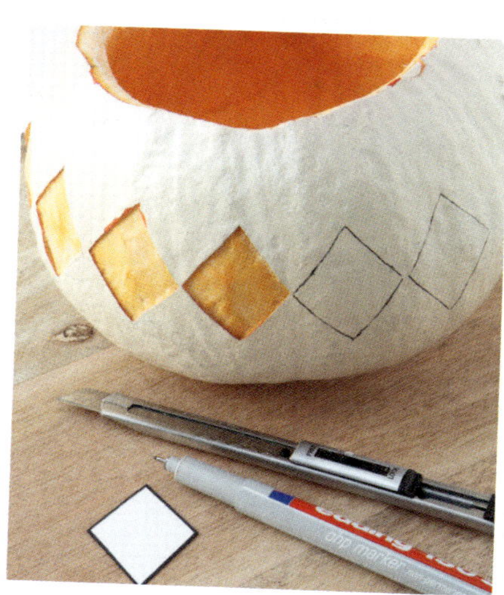

Motive mit dem Linolmesser einritzen

1 Motive nach der Abbildung auf Papier vormalen, ausschneiden und mit Stecknadeln an der gewünschten Stelle auf dem Kürbis platzieren. Mit Filzstift umranden oder mit einem Skalpell voreinritzen.

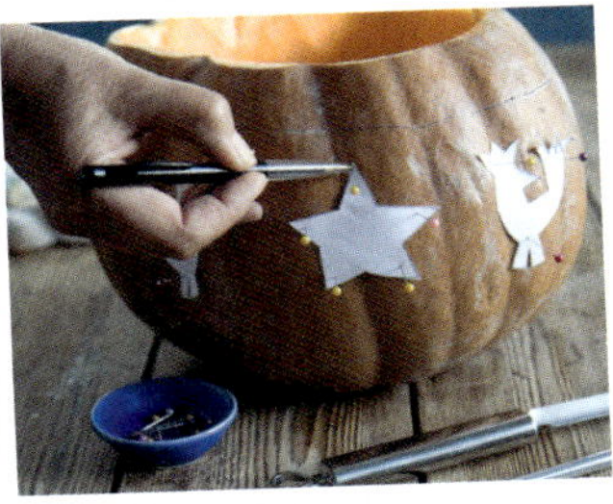

2 Mit dem Linolmesser entlang der vorgezeichneten Linien die Muster in den Kürbis schnitzen.

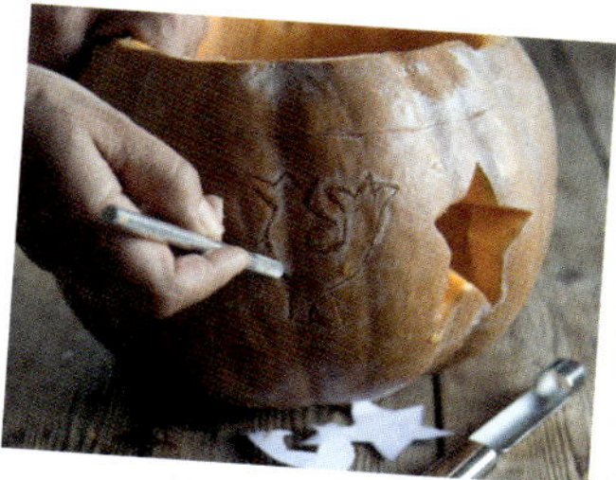

Verzieren mit Ausstechern

Die Blütenausstecher wie gewünscht platzieren und mit einem Hammer einschlagen; die Zierkürbisse sind so hart, dass man den Ausstecher von Hand nicht hineindrücken kann.

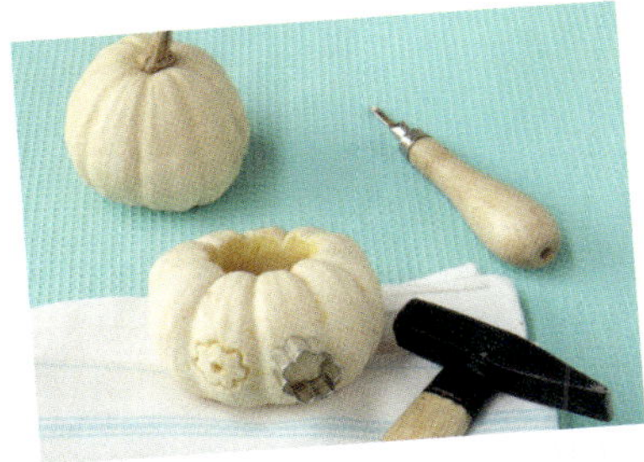

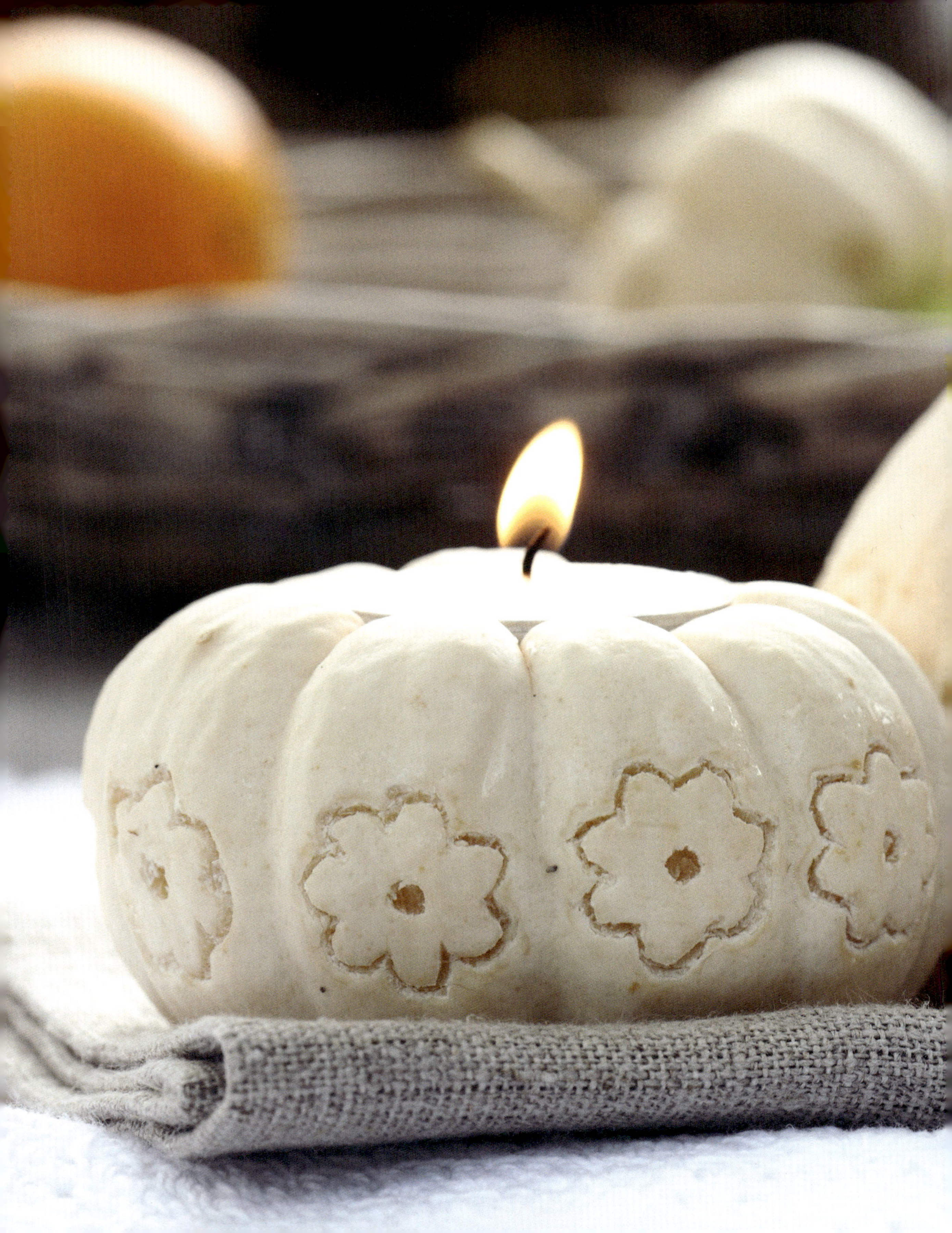

KÜRBIS-PROJEKTE

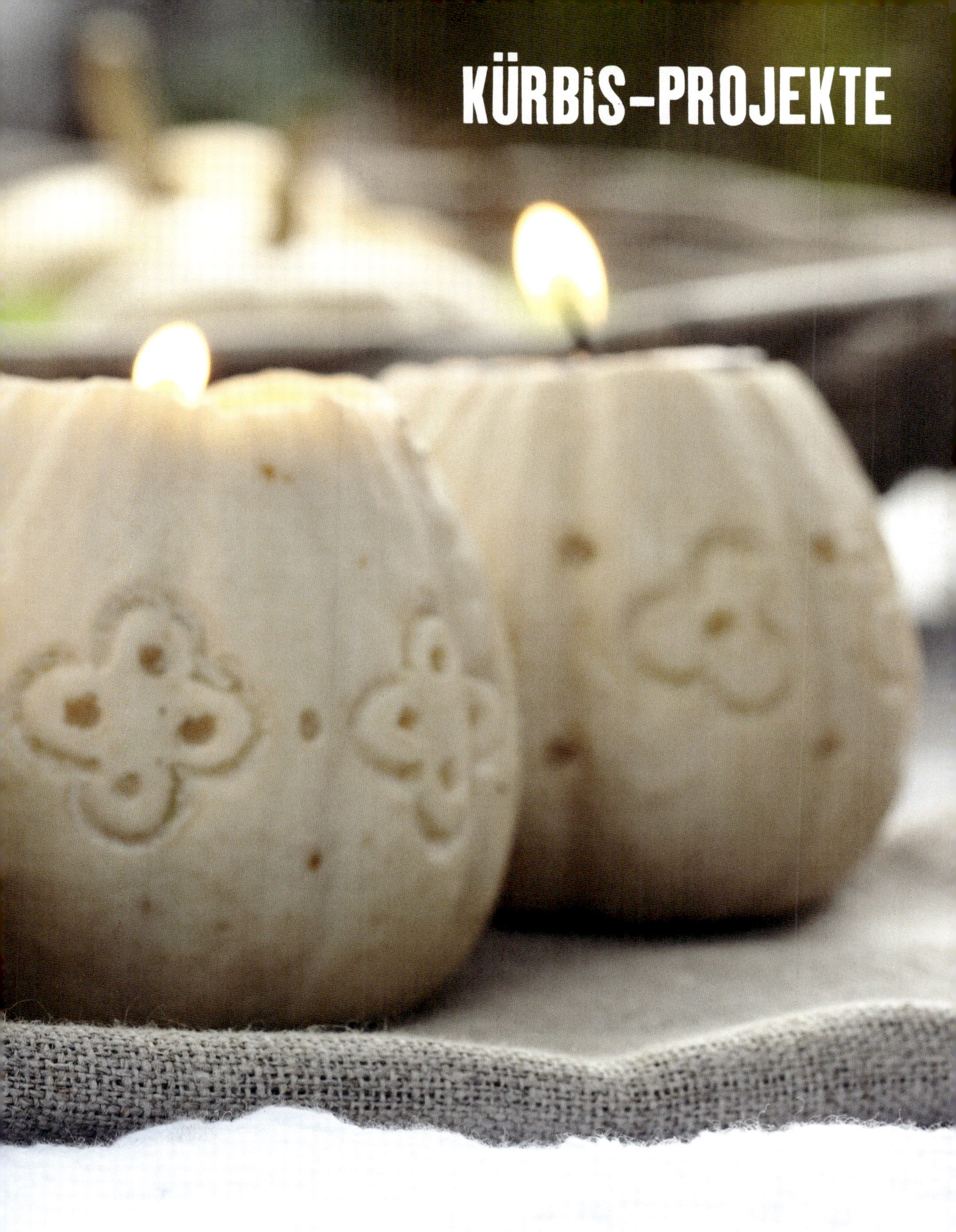

ELEGANTE TISCHDEKO

mit Rautenmuster

1 Zunächst den Deckel des Kürbisses mit einem scharfen Messer vorsichtig herausschneiden. Mit einem Löffel die Kerne und das Fruchtfleisch entfernen.

2 Wenn der Kürbis sauber ausgehöhlt ist, außen mit Farbspray besprühen und trocknen lassen.

3 Mithilfe einer Schablone Rauten in einer möglichst waagerechten Anordnung aufzeichnen. Dann vorsichtig mit dem Cutter auf der Linie entlang schneiden, dabei jedoch nicht durch den Kürbis stechen, sondern nur die äußere Schale entfernen (siehe Grundanleitung Seite 11).

4 Anschließend Wasser in den Kürbis füllen und Schwimmkerzen und frische Rosen darin anordnen. Die Juteschnur mit einer Schleife um den Kürbis binden.

MATERIAL

Hokkaido-Kürbis
Scharfes Messer
Esslöffel
Farbspray in Weiß
Schablone mit Rauten
Bleistift
Cutter
Juteschnur, ca. 50 cm lang
2 Schwimmkerzen in Orange
Rose in Rosa
Wasser

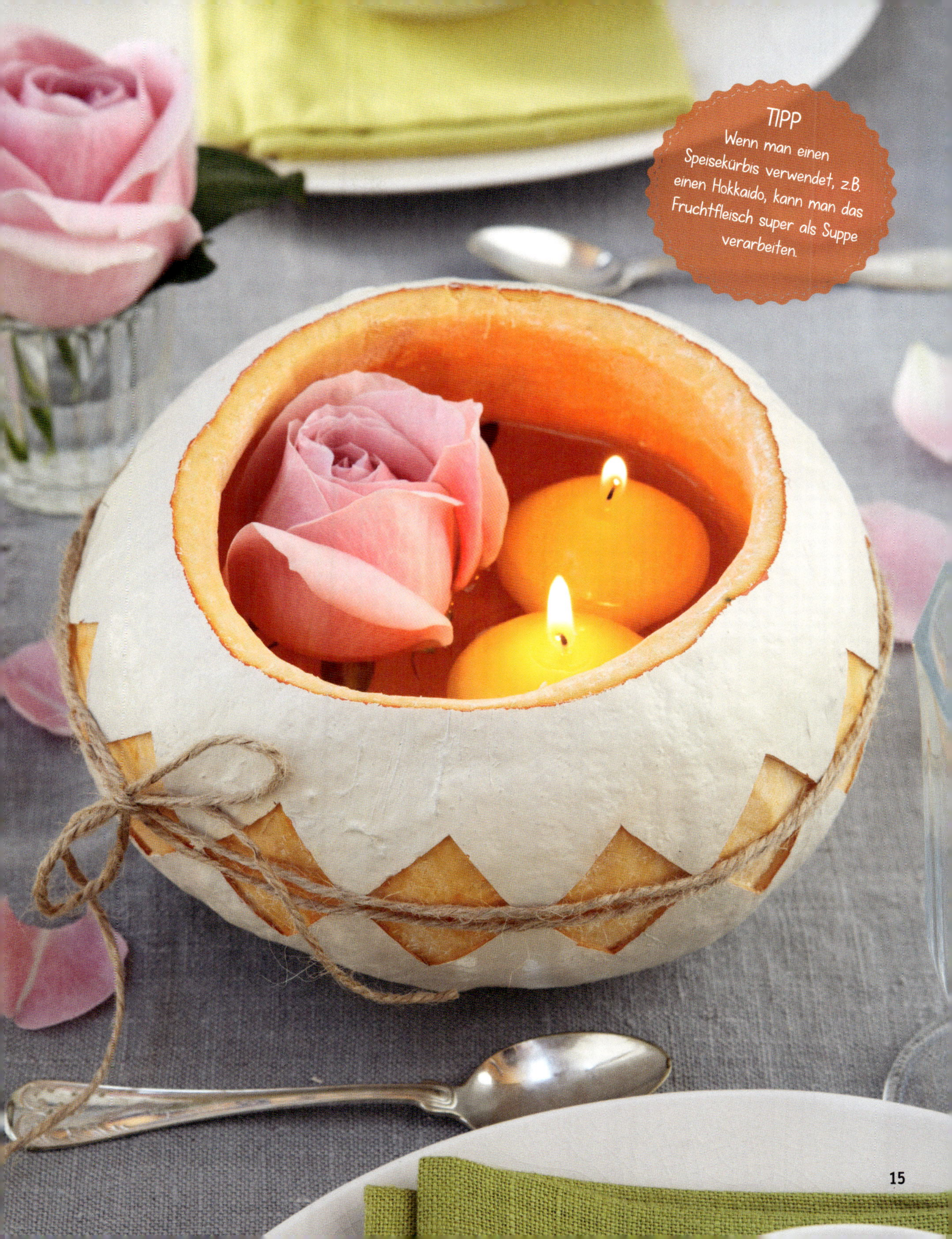

TIPP

Wenn man einen Speisekürbis verwendet, z.B. einen Hokkaido, kann man das Fruchtfleisch super als Suppe verarbeiten.

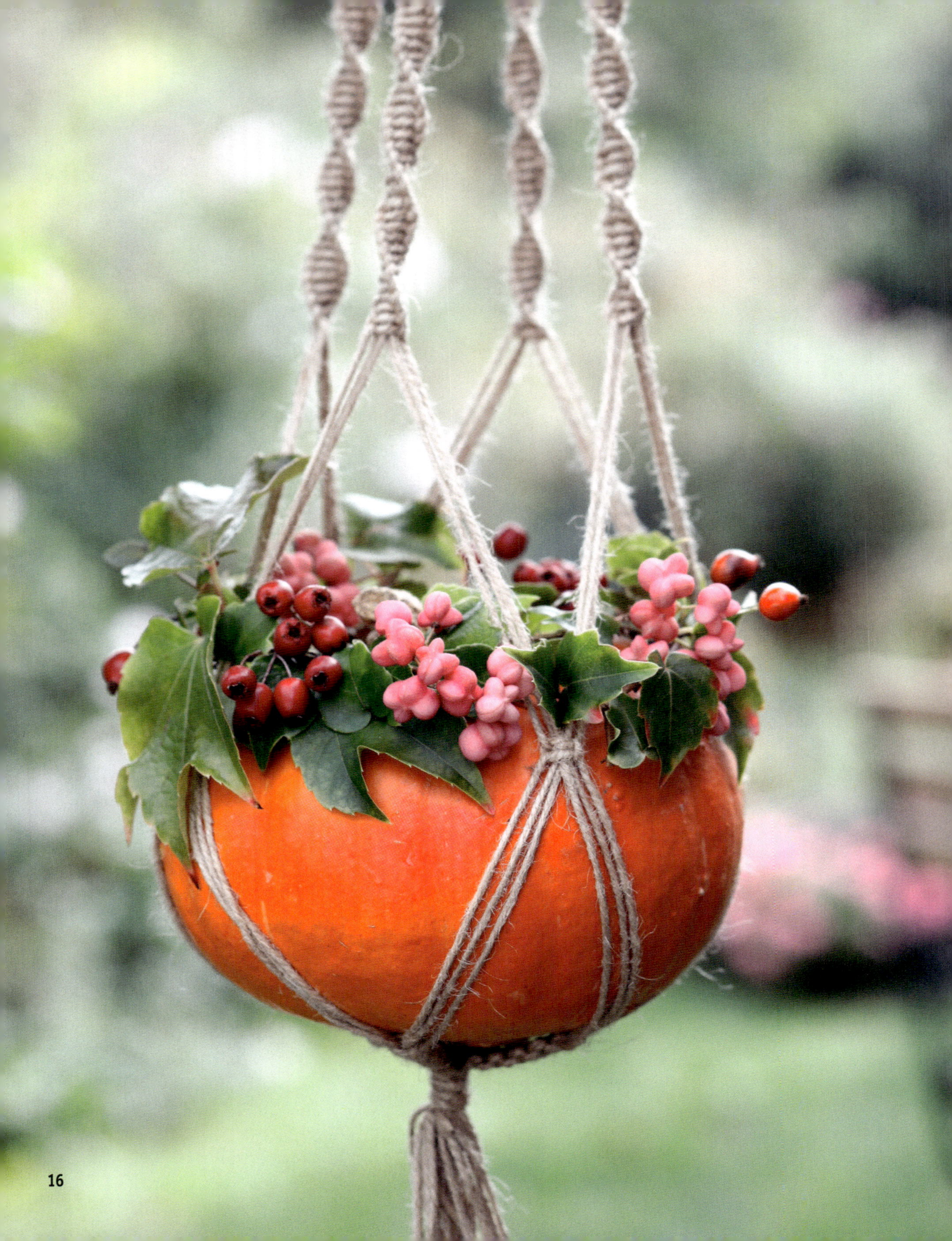

MAKRAMEE-BLUMENAMPEL

mit Hagebutten

1 Den Kürbis zunächst oben aufschneiden und gut aushöhlen.

2 Feuchten Steckschaum zuschneiden und einsetzen oder ein Glas Wasser hineinstellen.

3 Anschließend den Kürbis in die Makramee-Blumenampel legen. Festen Draht zum Ring biegen. Zweige, Ranken und Blüten mit feinem Blumendraht an den Ring binden und auf den Kürbis legen.

4 Die Ampel an einem geeigneten Platz aufhängen.

MATERIAL

Kürbis (z. B. Hokkaido oder Muskat)

Makramee-Blumenampel

Pfaffenhütchen

Weißdorn

Hagebutten

Wilder Wein

fester Steckschaum

fester Draht

feiner Blumendraht

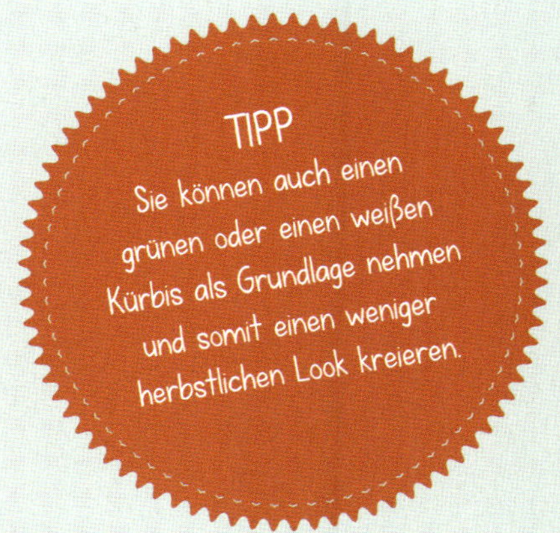

EDEL IN SILBER

Blühende Tischdeko

1 Den Kürbis oben mit einem Messer rund um den Stiel einschneiden und vorsichtig aushöhlen.

2 Nun den Kürbis mit einem Pinsel gut deckend in Silber einstreichen und gut trocknen lassen.

3 Steckschaum zuschneiden und mit einer Folie in die Kürbis-Öffnung setzen. Blütenstängel von Chrysanthemen und Matricaria kürzen und nach und nach in den Steckschaum stecken.

4 Einen zweiten Kürbis nur silber streichen und mit einem silberfarbenen Schleifenband schmücken. Eine Stumpenkerze in eine kleine Schale stellen und darum herum Chrysanthemen und Matricaria arrangieren.

MATERIAL

- Kürbisse
- Zeitungspapier als Unterlage
- Farbe in Silber
- Pinsel
- Steckschaum
- Folie
- Messer
- Chrysanthemen in Pink, Hellgelb und Weiß
- Matricaria
- Schale
- Stumpenkerze in Weiß
- Schleifenband in Silber

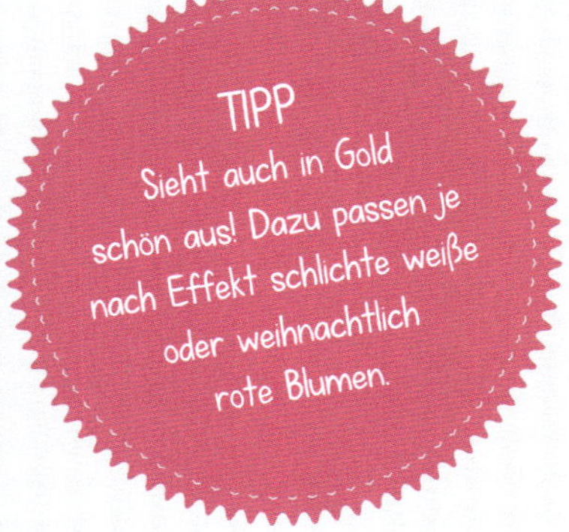

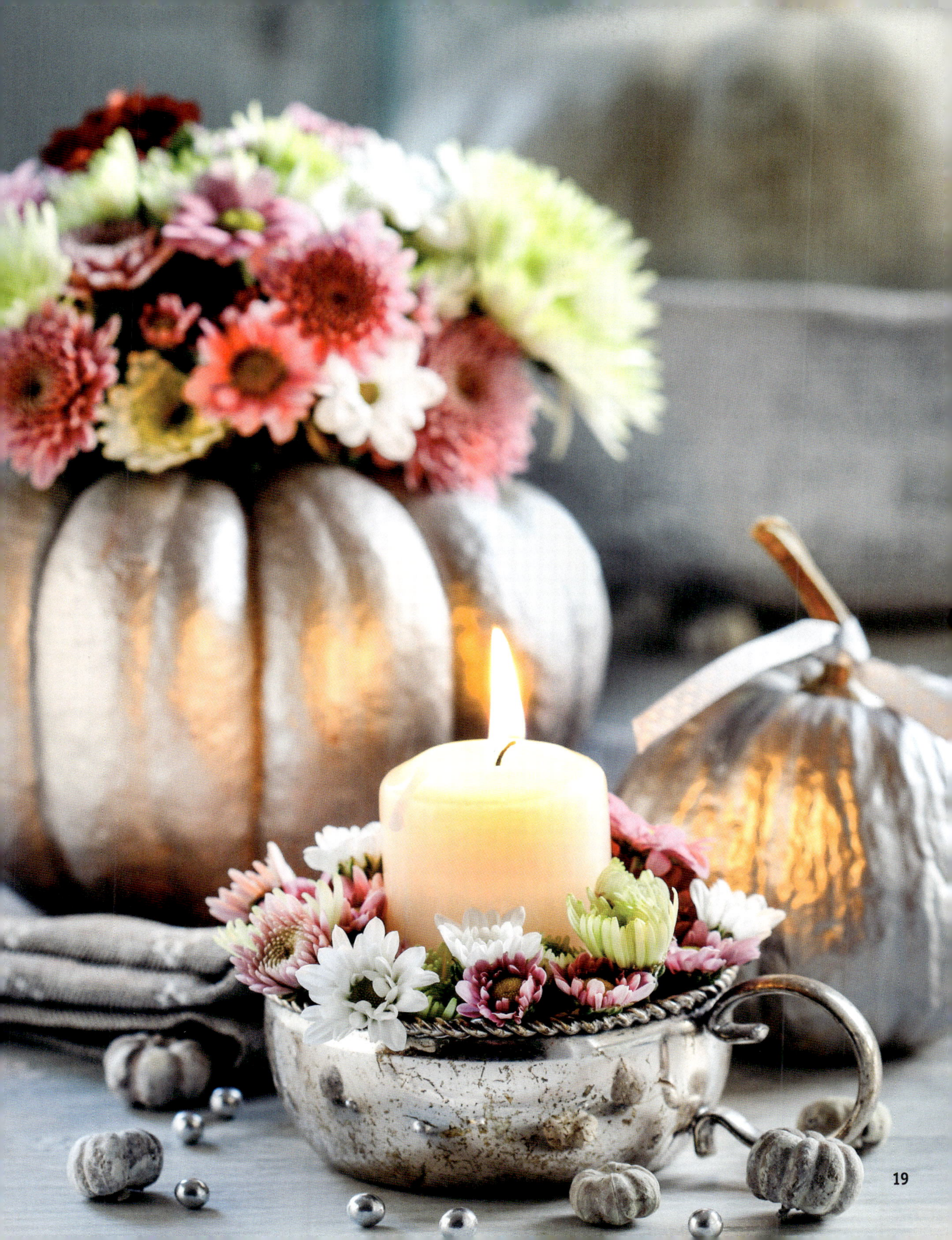

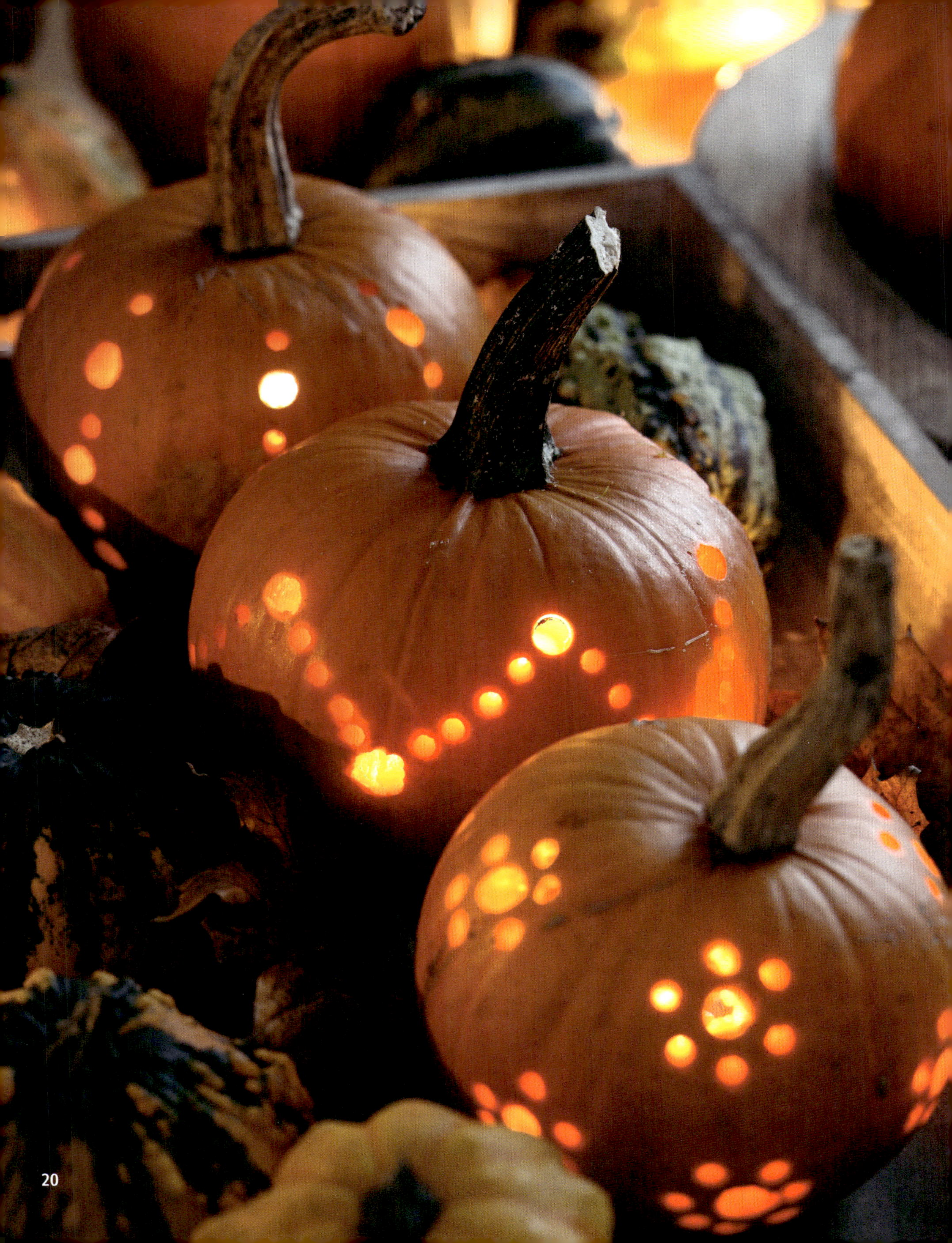

HERBSTLICHE KÜRBISLATERNEN

mit Lochmuster

1 Zunächst mit der Bohrmaschine nach Abbildung nach und nach Löcher in zwei verschiedenen Größen in die Kürbisse bohren. Wer möchte, malt sich die gewünschten Muster vorher mit einem Filzstift auf. Durch die Blumen-, Zickzack- und Streifenmuster wird jeder Kürbis ganz individuell.

2 Anschließend mit dem Messer je eine größere Öffnung in die Kürbisse schneiden und mit dem Löffel aushöhlen.

3 Nun ein oder mehrere Teelichter für die Beleuchtung in die Kürbisse stellen und mit kleinen Zierkürbissen und etwas Herbstlaub auf einem Tablett arrangieren.

TIPP

Für einen frischen Look können Sie die Kürbisse auch pastellfarben ansprühen und in einem weißen Tablett präsentieren.

MATERIAL

3 runde Kürbisse (z.B. Hokkaido)
Bohrmaschine
Filzstift
Messer
Esslöffel
Teelichter
Kleine Zierkürbisse in Orange-Grün und Gelb
Herbstlaub
Holztablett

ROMANTISCHES HERBSTLEUCHTEN

Originelles Stillleben

1 Die Kürbisse werden zuerst durch eine größere ovale Öffnung an der Rückseite ausgehöhlt (siehe Grundanleitung Seite 10).

2 Nun die Muster nach Abbildung mit einem Filzstift aufzeichnen und mit einem scharfen Messer Schlitze, Quadrate, Sterne oder Kreise ausschneiden. Mit einem Apfelausstecher die runden und sternförmigen Muster in die Kürbisse schneiden (siehe Grundanleitung Seite 10).

3 In die Zierkürbisse kommen Teelichter, in die großen Kürbisse Haushaltskerzen.

MATERIAL

- kleine Zierkürbisse
- Flaschen- und Gartenkürbisse
- Hokkaido-Kürbisse
- scharfes Messer
- Esslöffel
- Apfelausstecher
- Filzstift
- Teelichter
- Kerzen

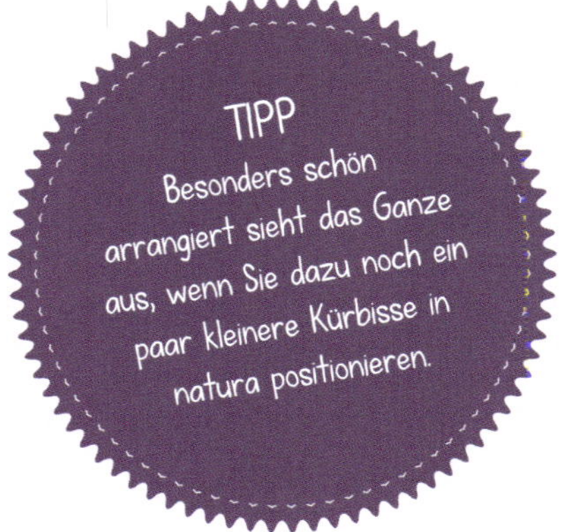

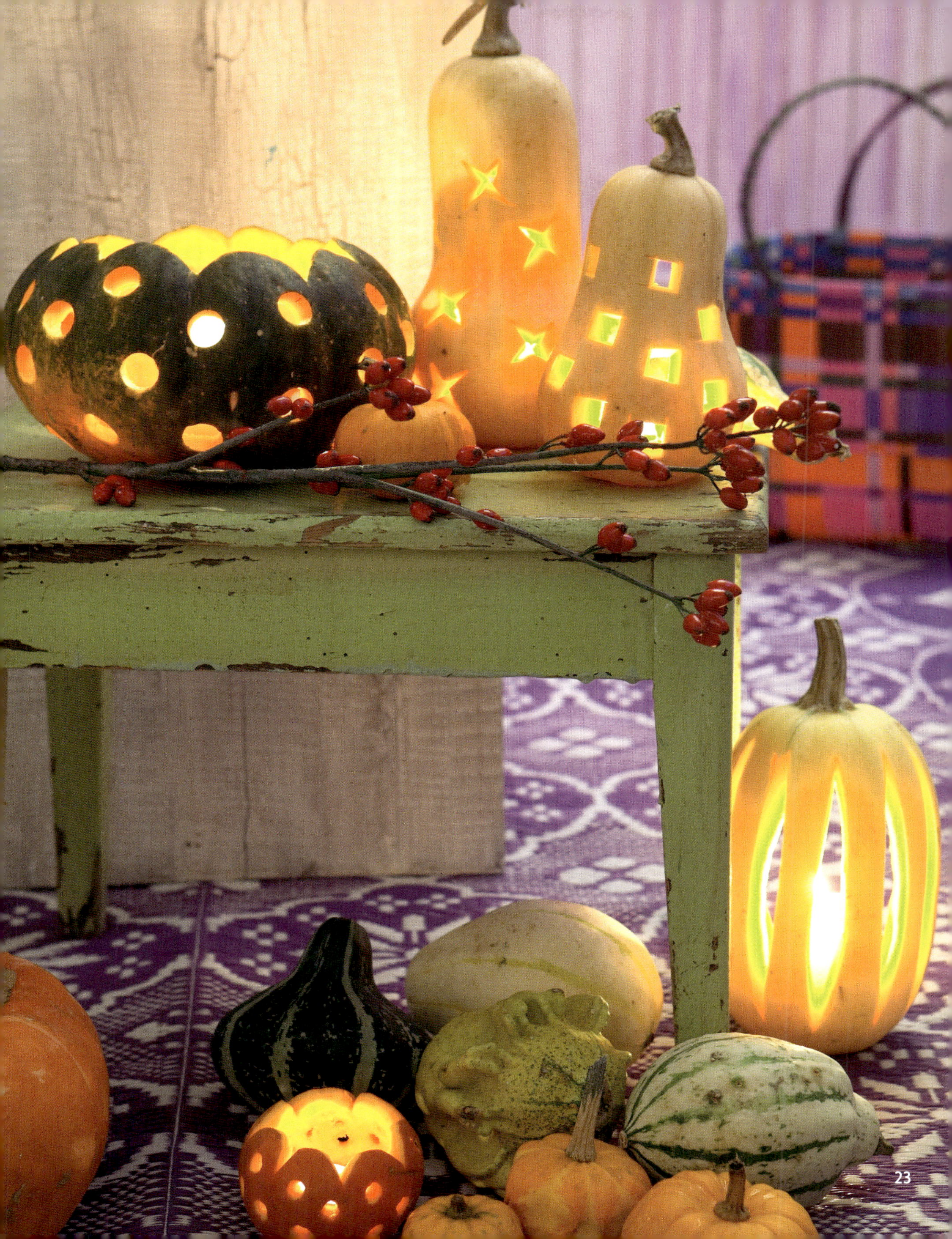

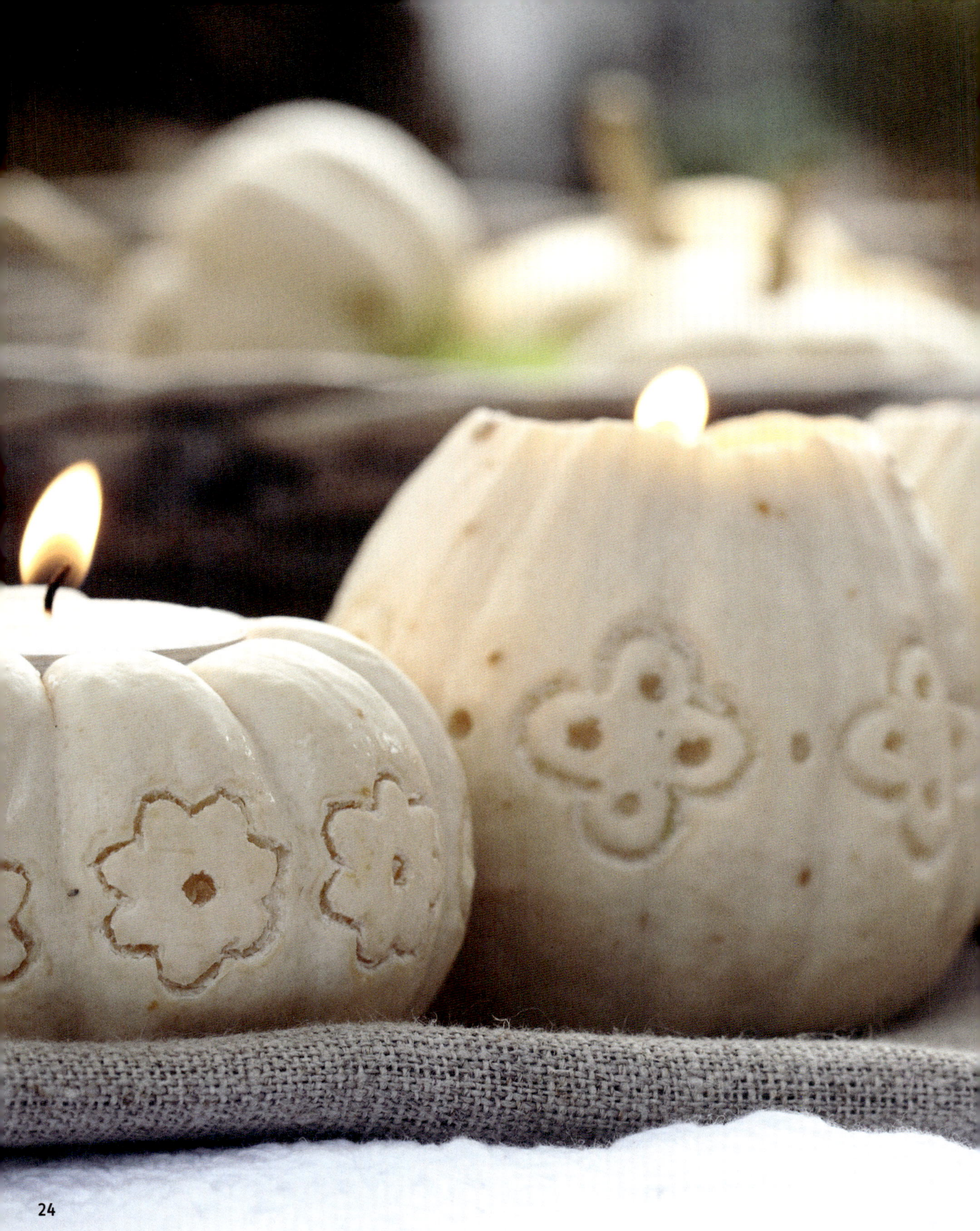

BLÜTENZIERDE IN WEISS

Elegantes understatement

1 Kürbisse unten gerade schneiden. Für das Teelicht einen passenden Kreis anzeichnen: Den Rand des Teelichtes mit einem Filzstift einfärben und auf dem Kürbis abdrucken. Mit Filzstift nachzeichnen und mit einem Messer herausschneiden.

2 Die Blütenausstecher jeweils mittig platzieren und mit einem Hammer einschlagen; die Zierkürbisse sind so hart, dass man den Ausstecher von Hand nicht hineindrücken kann (siehe Grundanleitung Seite 11).

3 Mit einem feinen Linolmesser nachritzen. In der Mitte mit dem Ritzmesser einen Kreis drehen und ausheben.

4 Teelichter einsetzen.

MATERIAL

- 3 Zierkürbisse „Weißer Ball" in Weiß
- Filzstift
- scharfes Messer
- 3 verschiedene Blütenausstecher
- Hammer
- Linolmesser
- Teelichter

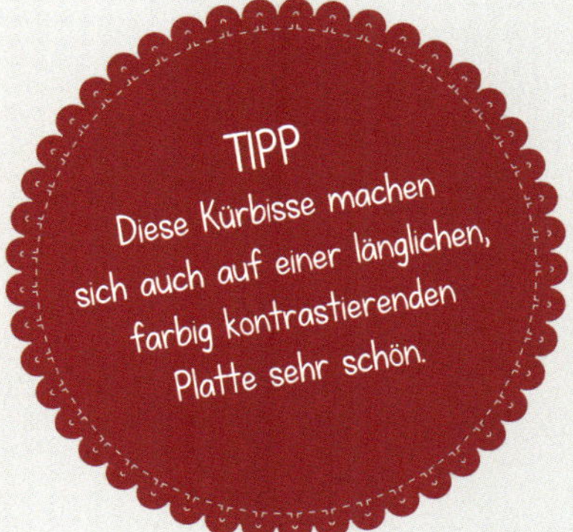

TIPP

Diese Kürbisse machen sich auch auf einer länglichen, farbig kontrastierenden Platte sehr schön.

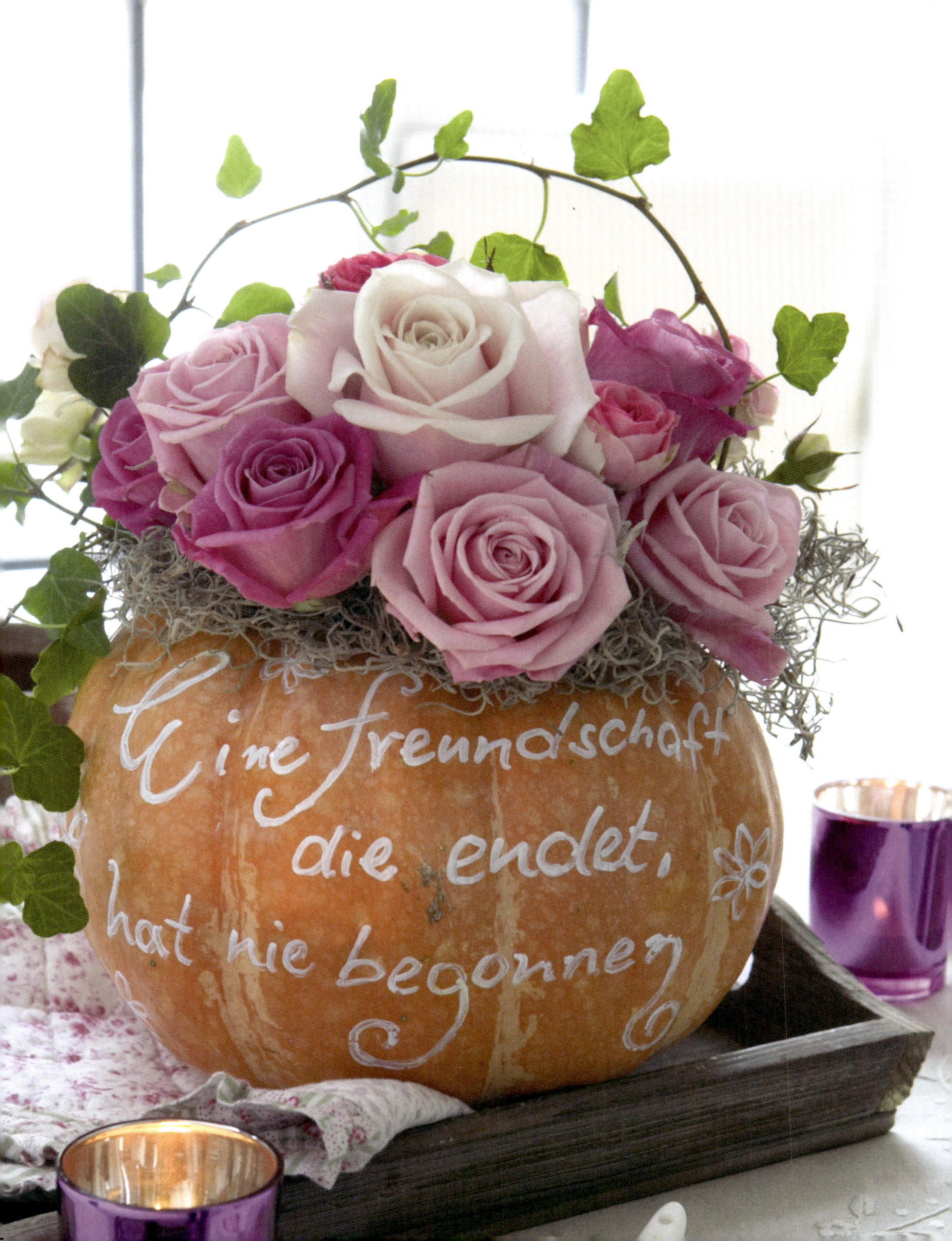
Eine freundschaft
die endet,
hat nie begonnen

INSPIRATIONEN

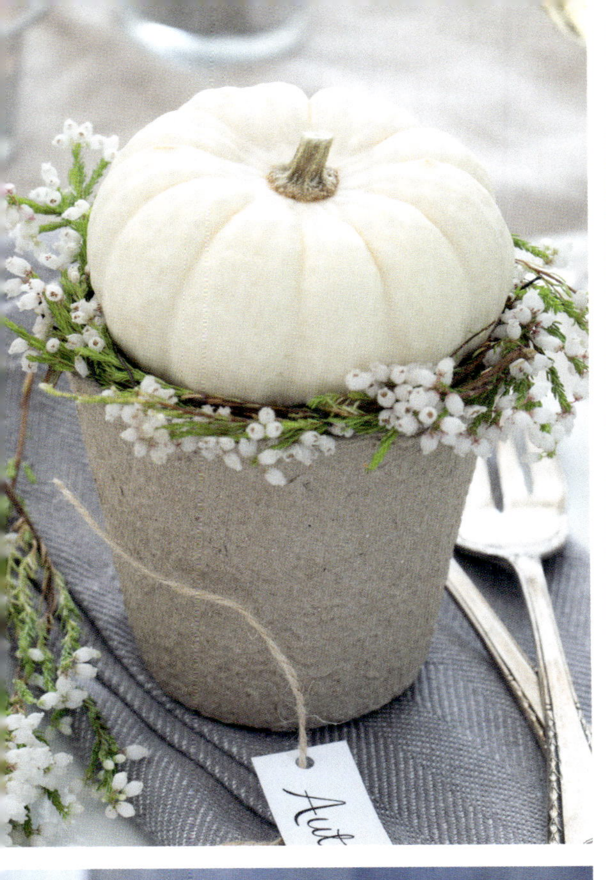

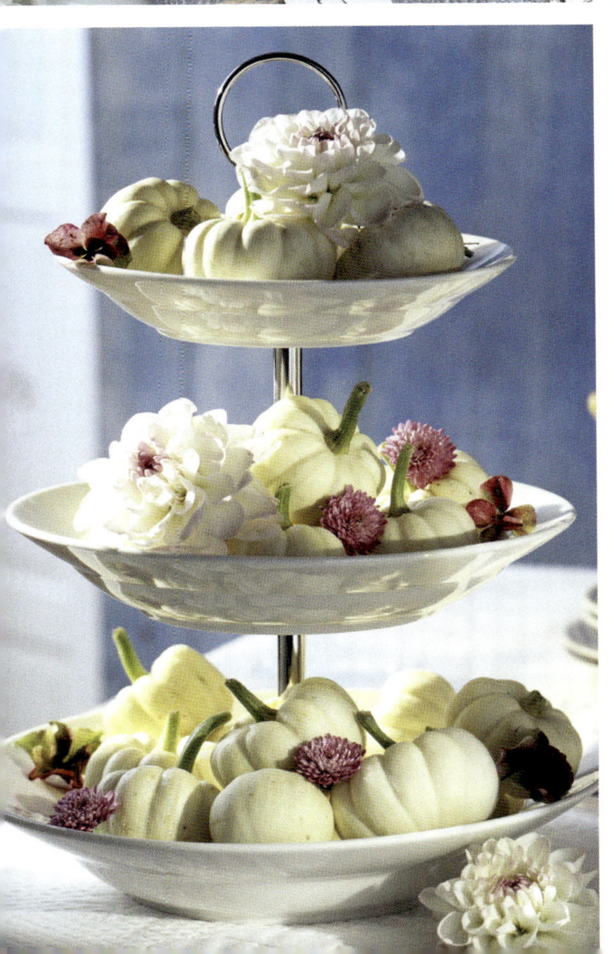

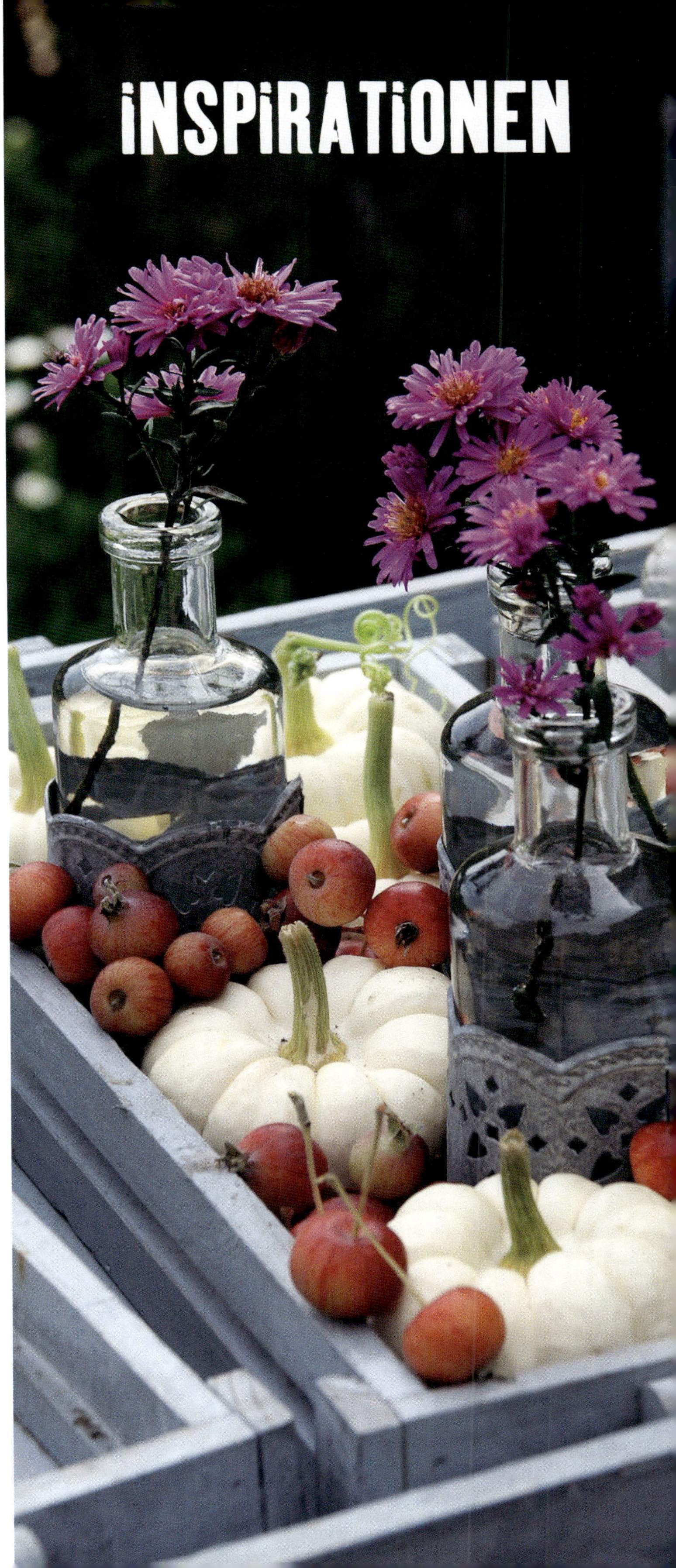

BLÜTENPRACHT

in grüner Vase

1. Einen Muskatkürbis aufschneiden und das Fruchtfleisch und die Samen entfernen.
2. Den Kürbis mit Frischhaltefolie auskleiden und einen gewässerten Steckschaum einsetzen.
3. Nun die gewünschten Blumen einstecken: Cosmea, Rosen, Zinnien, Tabakblumen und Knöpfchen-Knöterich.

MATERIAL

Muskatkürbis
Cosmea
Rosen
Zinnien
Tabakblumen
Knöpfchen-Knöterich
Steckschaum
Frischhaltefolie
scharfes Messer
Löffel

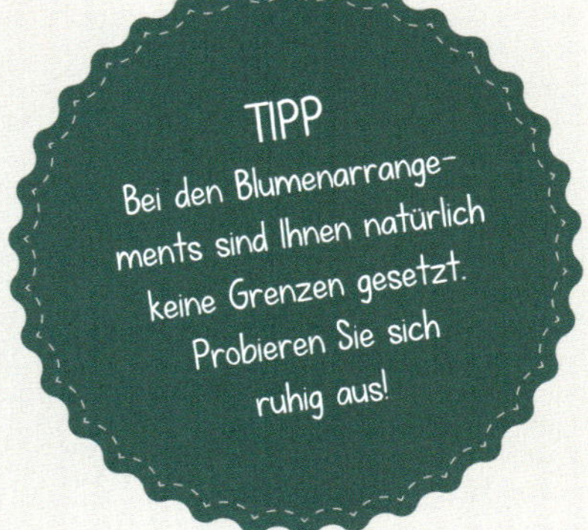

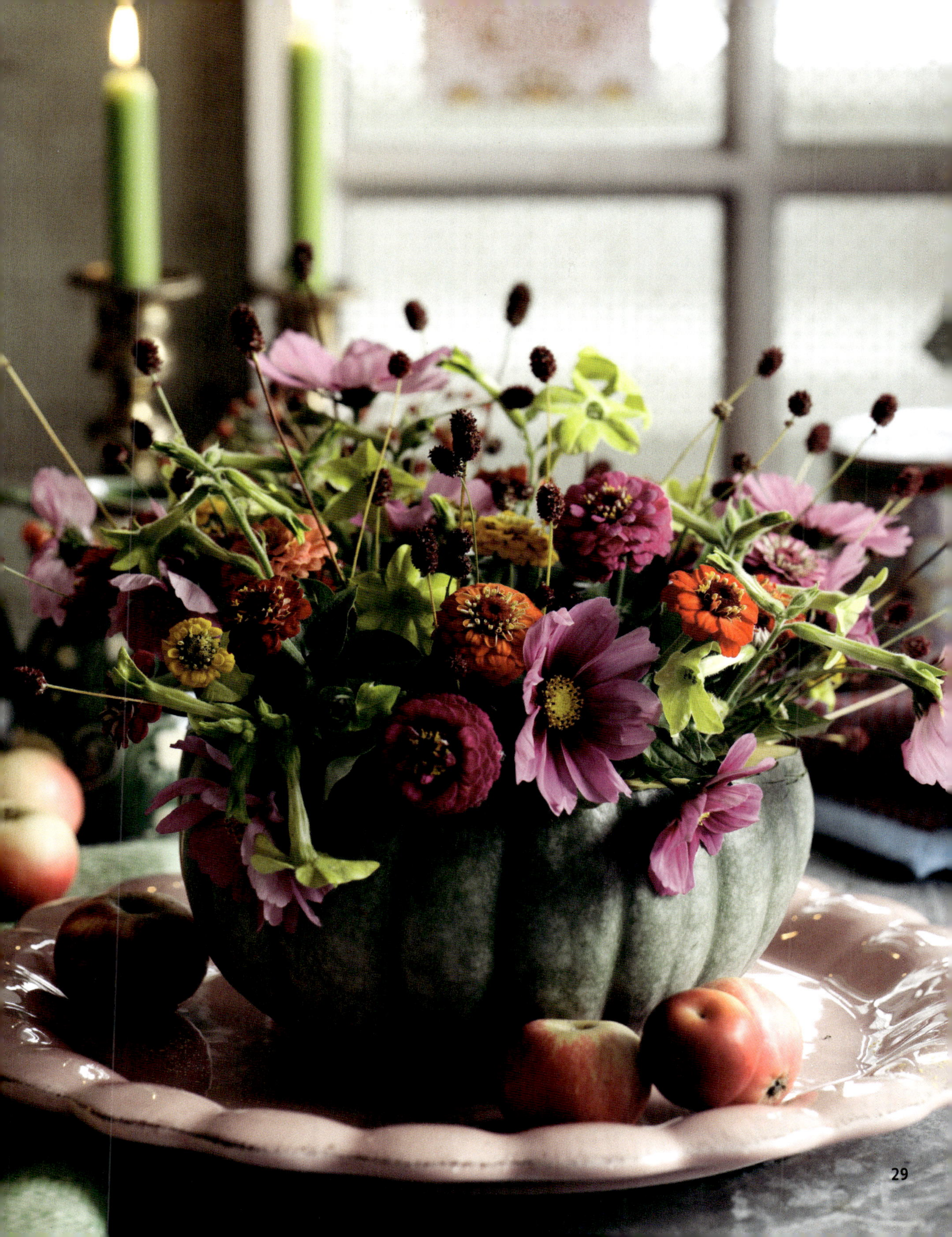

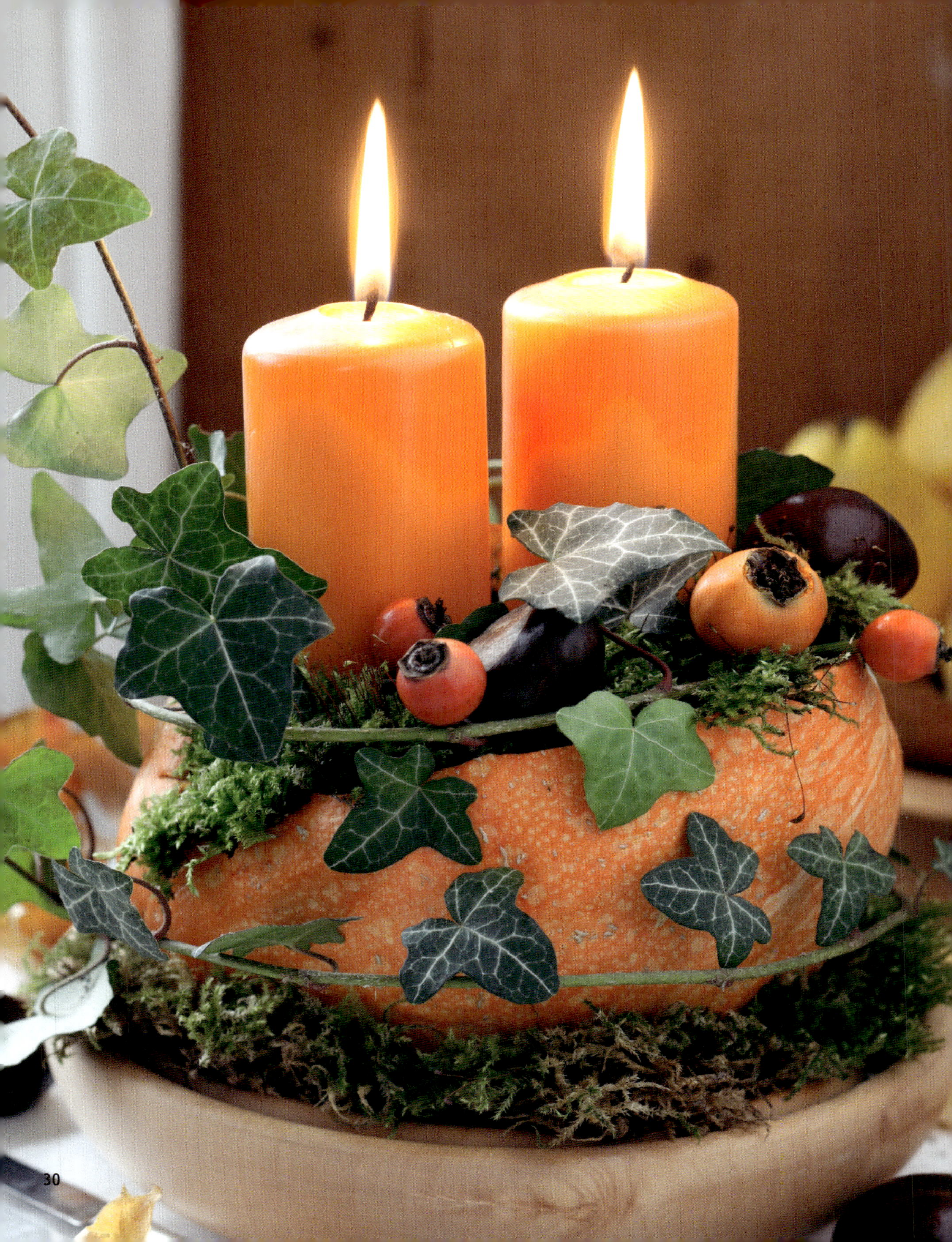

HERBSTLICHER KERZENHALTER

mit Efeuranke

1 Zuerst vom Kürbis einen Deckel abschneiden, Fruchtfleisch und Kerne mit einem Löffel herausnehmen und beiseite stellen. Den Kürbis innen mit Klarsichtfolie auskleiden und mit Sand füllen.

2 Zwei orangefarbene Kerzen einsetzen, ringsum Moos verteilen. Hagebuttenstiele und Efeublätter in das Moos stecken.

3 Kastanien auf das Moos legen. Den Kürbis auf eine Holzschale mit Moos setzen, eine lange Efeuranke locker um den Kürbis legen.

MATERIAL

Hokkaidokürbis
Scharfes Messer
Löffel
Klarsichtfolie
Sand
2 Kerzen in Orange
Moos
Hagebuttenstiele
Efeublätter
Efeuranke
Kastanien
Holzschale

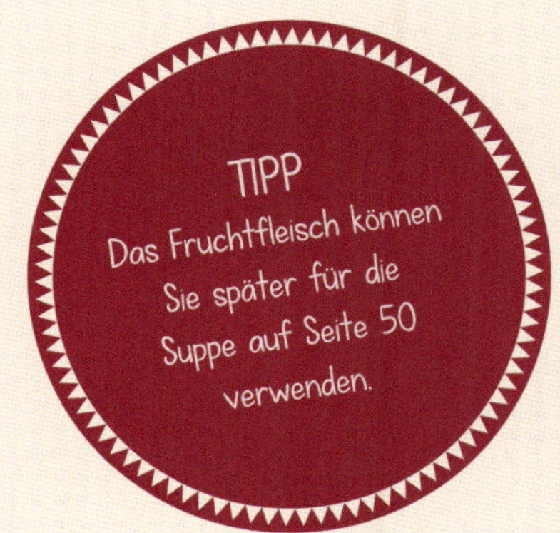

AUSSENZIERDE IN WEISS

mit Lochmuster

1 Kürbisse oben aufschneiden, vollständig aushöhlen.

2 Mit einem Apfelentkerner oder einem Messer die Kreise nach Abbildung in die Kürbiswand pieksen: Entweder ganz durchdrücken oder nur die Umrisse vorgeben und mit einem scharfen Küchenmesser ausschneiden.

3 Teelichter oder Lichterkette einsetzen und mit dem Deckel wieder verschließen.

4 Auf der Terrasse oder im Garten auf verschiedenen Höhen anordnen und mit musterlosen Kürbissen mischen.

MATERIAL

Zierkürbisse „Weißer Ball“

Weiße Kürbis-Lichter

Heidekraut in Weiß

Chrysanthemen

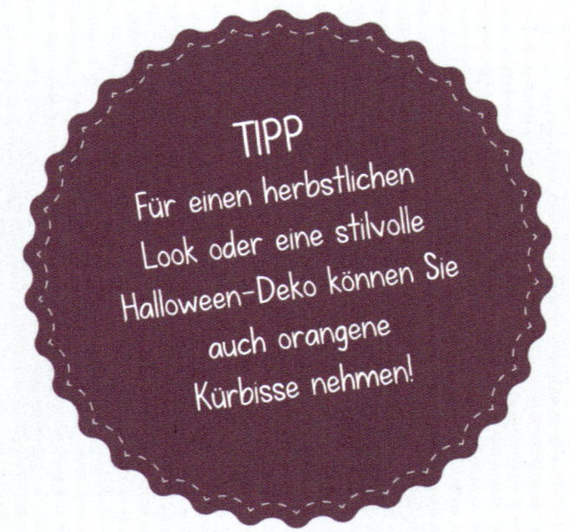

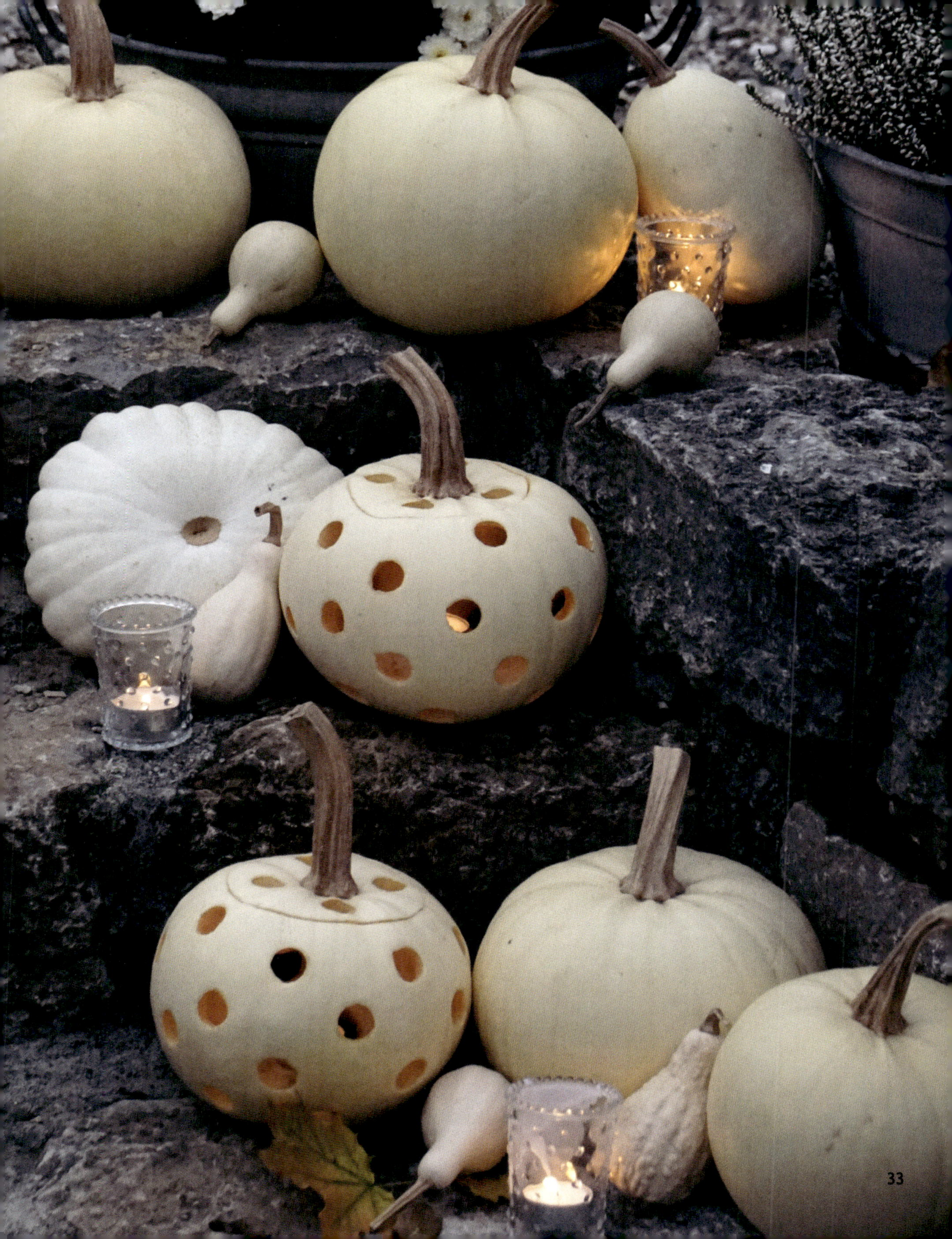

LEUCHTKÜRBIS

mit Ornamenten

1 Zunächst den Deckel des Kürbis mit einem scharfen Messer abschneiden.

2 Den Kürbis aushöhlen und mit Filzstift das Muster aufzeichnen. Dann das Muster mithilfe eines Linolmessers oder kleinen Küchenmessers einritzen. Der Phantasie sind hier keine Grenzen gesetzt.

3 Wer will, kann zum Schluss noch den oberen Rand mit filigranen Wellen und Rundungen einschneiden.

MATERIAL

- Großer Hokkaido-Kürbis
- Scharfes Messer
- Löffel
- Filzstift
- Linolmesser oder kleines Küchenmesser

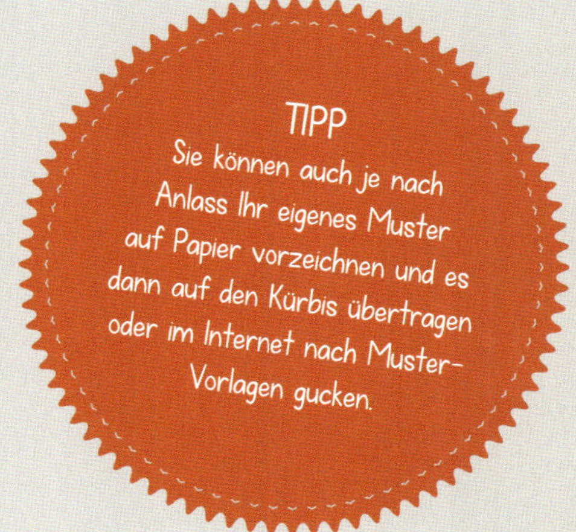

FILIGRAN BEMALT

und bestempelt

1 Die Kürbisse bis auf den Stängel mit der weißen Kreidefarbe anmalen.

2 Das Stempelkissen vorbereiten, indem Sie etwas Farbe auf den Schwamm pinseln.

3 Nach dem Trocknen können die Kürbisse bestempelt werden. Bei recht geraden Flächen kommt man mit dem Stempel auf dem Acrylblock gut zurecht, bei unebenen Flächen nur den Stempel benutzen. Wer abrutscht kann die Stelle einfach nochmal mit weißer Farbe bestreichen und dann erneut stempeln (siehe Grundanleitung Seite 10).

4 Zum Schluss den Stiel mit goldenem Lackstift anmalen.

MATERIAL

Kleine runde Zierkürbisse

weiße Kreidefarbe

Acrylfarben

Pinsel

kleine Spülschwämme als Stempelkissen

Acrylstempel

goldener Lackstift

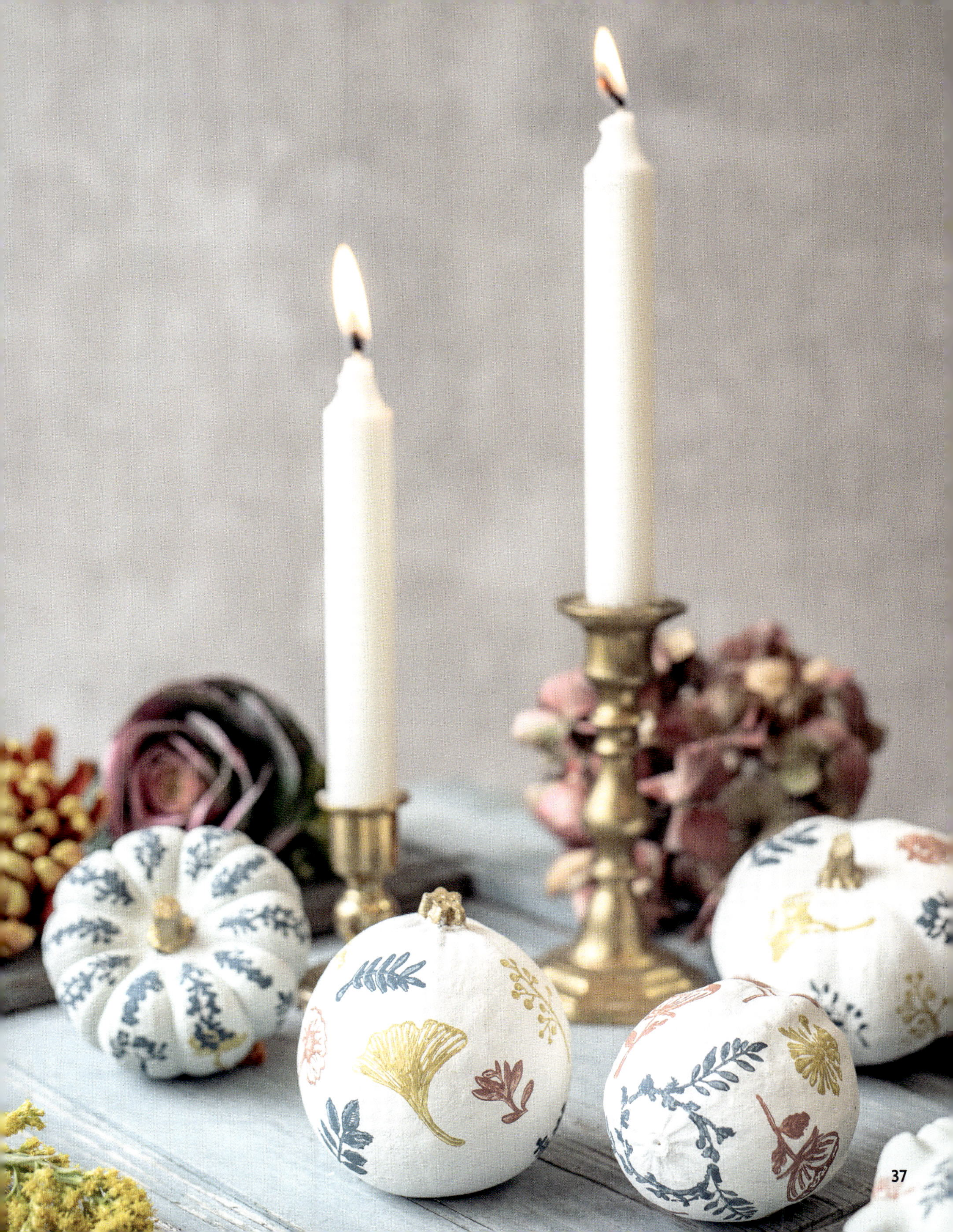

STERNEN-LICHTER

in Weiß und Orange

1 Zierkürbisse aufschneiden und aushöhlen.

2 Mit einem Keksausstecher die Sterne in die Wand pieksen und entweder ganz durchdrücken und die Sternform so herausholen oder damit die Umrisse vorgeben und mit einem scharfen Küchenmesser ausschneiden.

3 Teelichter hineinsetzen und den Deckel wieder auflegen.

MATERIAL

Zierkürbisse in Orange und Weiß

Scharfes Messer

Löffel

Keksausstecher in Sternenform

6 Teelichter

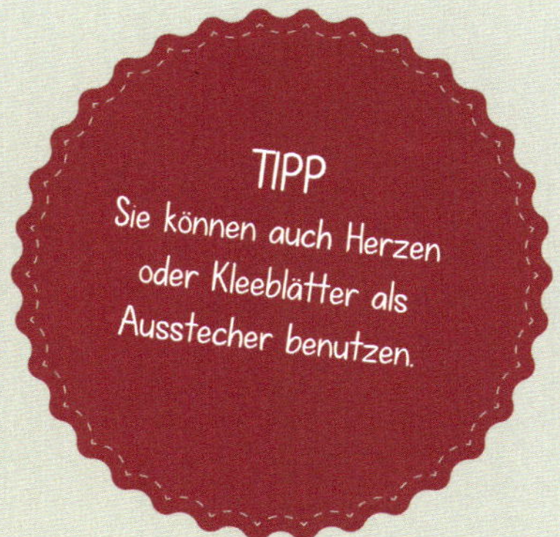

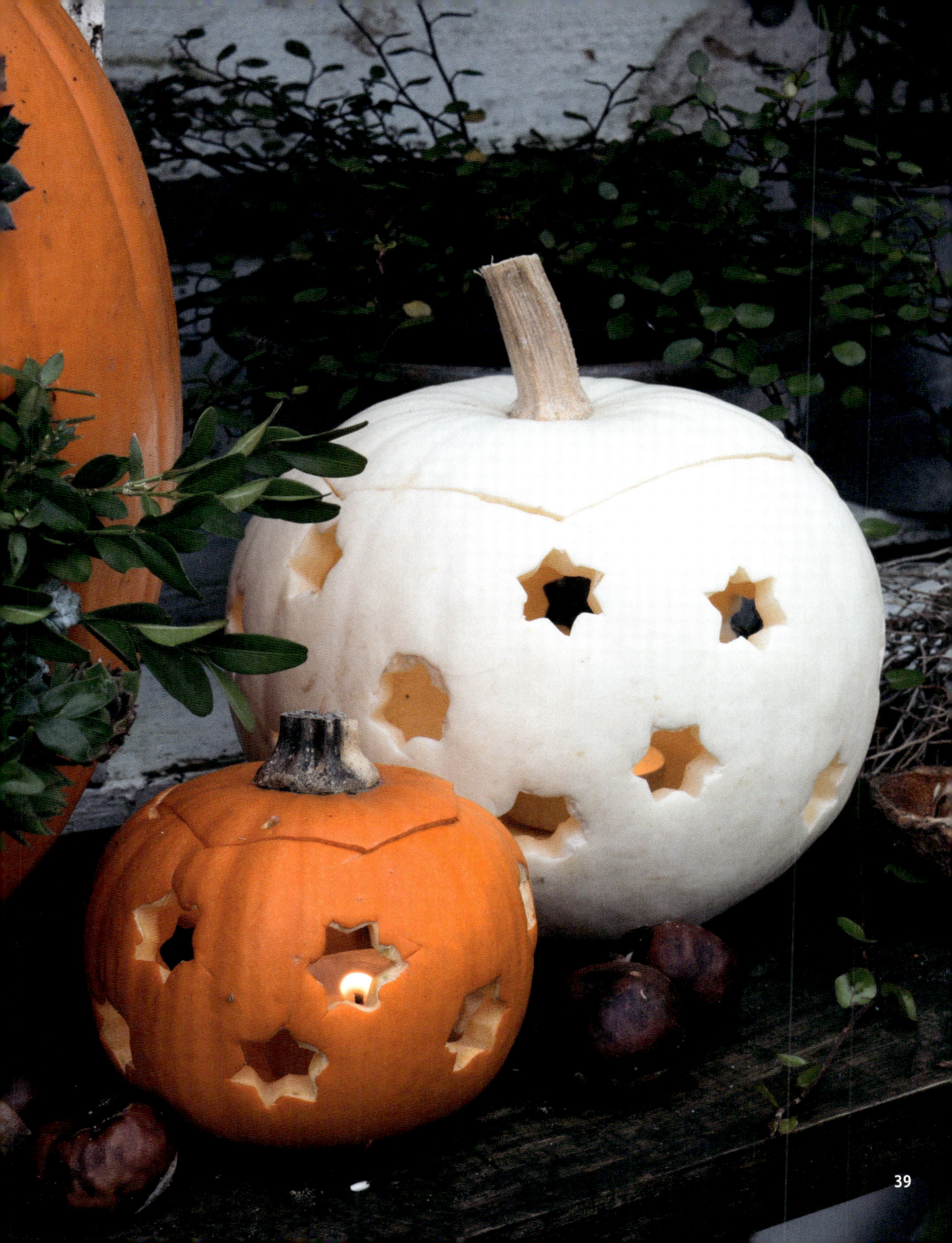

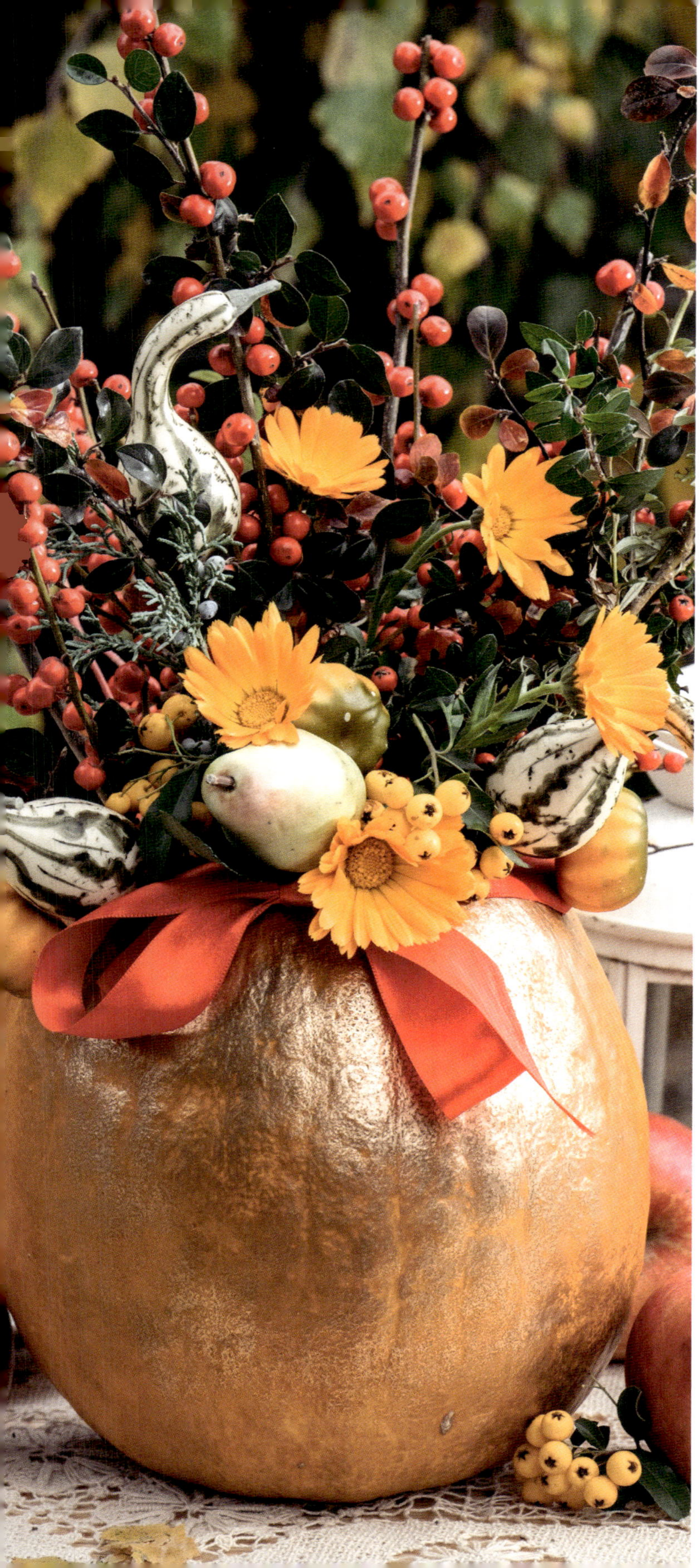

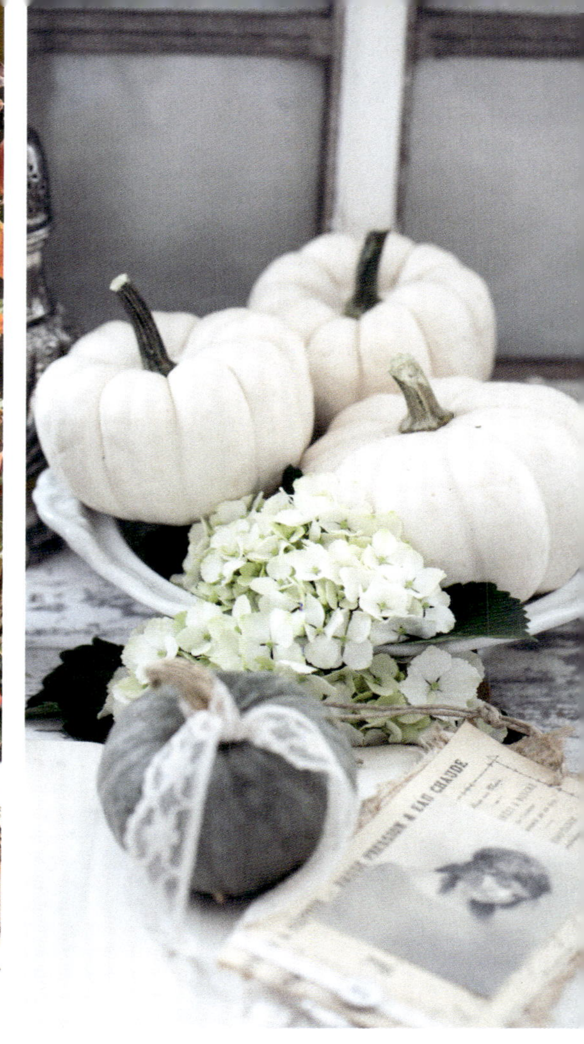

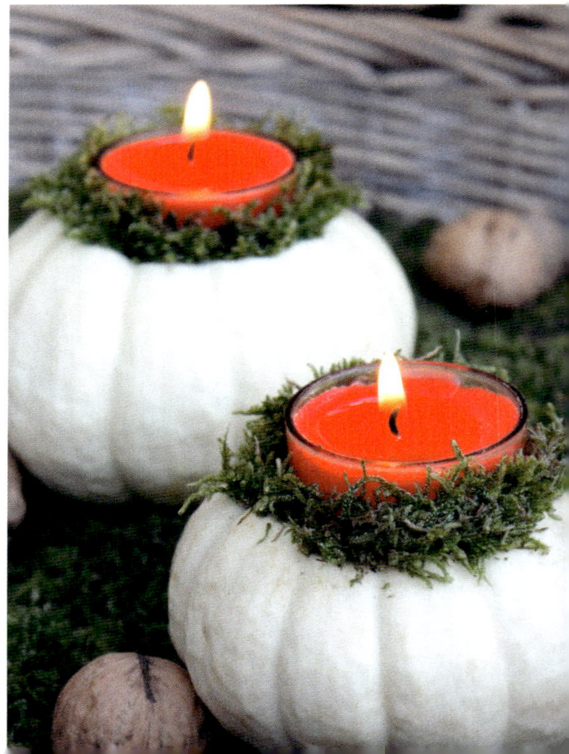

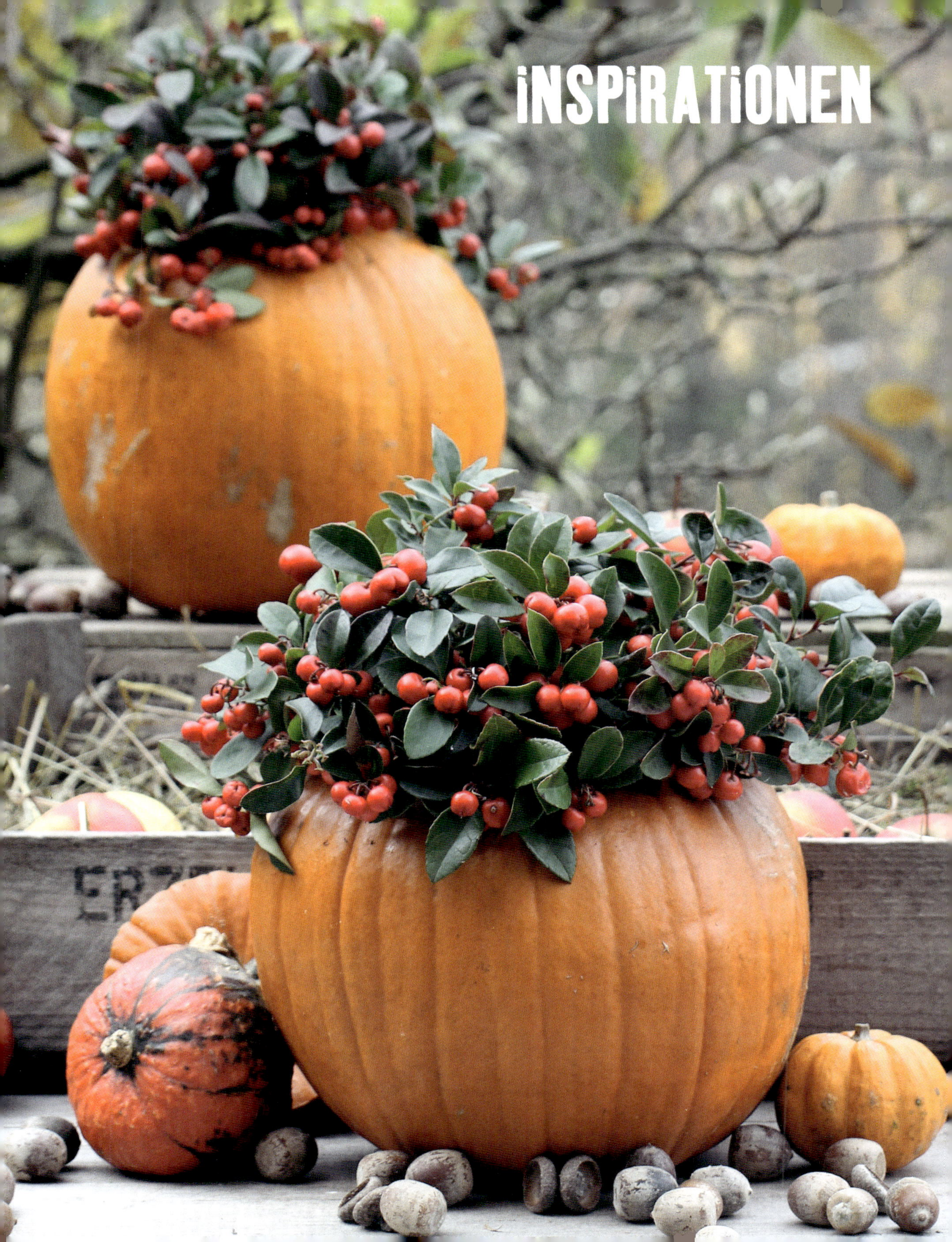

HERBSTLEUCHTEN

mit Sternmotiv

1 Den Deckel abschneiden und den Kürbis mithilfe des Löffels aushöhlen.

2 Motive nach der Abbildung auf Papier vormalen, ausschneiden und mit Stecknadeln an der gewünschten Stelle auf dem Kürbis platzieren. Mit Filzstift umranden oder mit einem Skalpell voreinritzen (siehe Grundanleitung Seite 11).

3 Mit dem Linolmesser entlang der vorgezeichneten Linien die Muster in den Kürbis schnitzen (siehe Grundanleitung Seite 11).

4 Teelichter hineinsetzen und auf ein herbstlich dekoriertes Tablett mit Heu, Blumen und Kerzen setzen.

MATERIAL

- Kürbis
- Filzstift
- Stecknadeln
- Motivvorlage
- Schere
- Messer oder Skalpell
- Löffel
- Linolmesser
- Unterlage
- Heu
- Blumen (z.B. Sonnenblumen, Ähren o.ä.)
- Kerzen
- Rundes Tablett in Braun

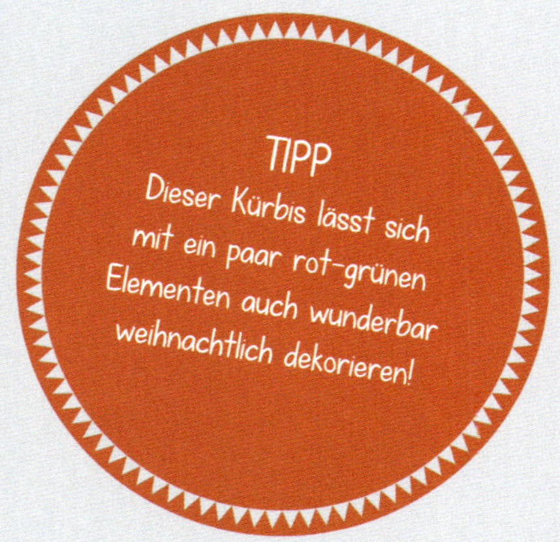

TIPP

Dieser Kürbis lässt sich mit ein paar rot-grünen Elementen auch wunderbar weihnachtlich dekorieren!

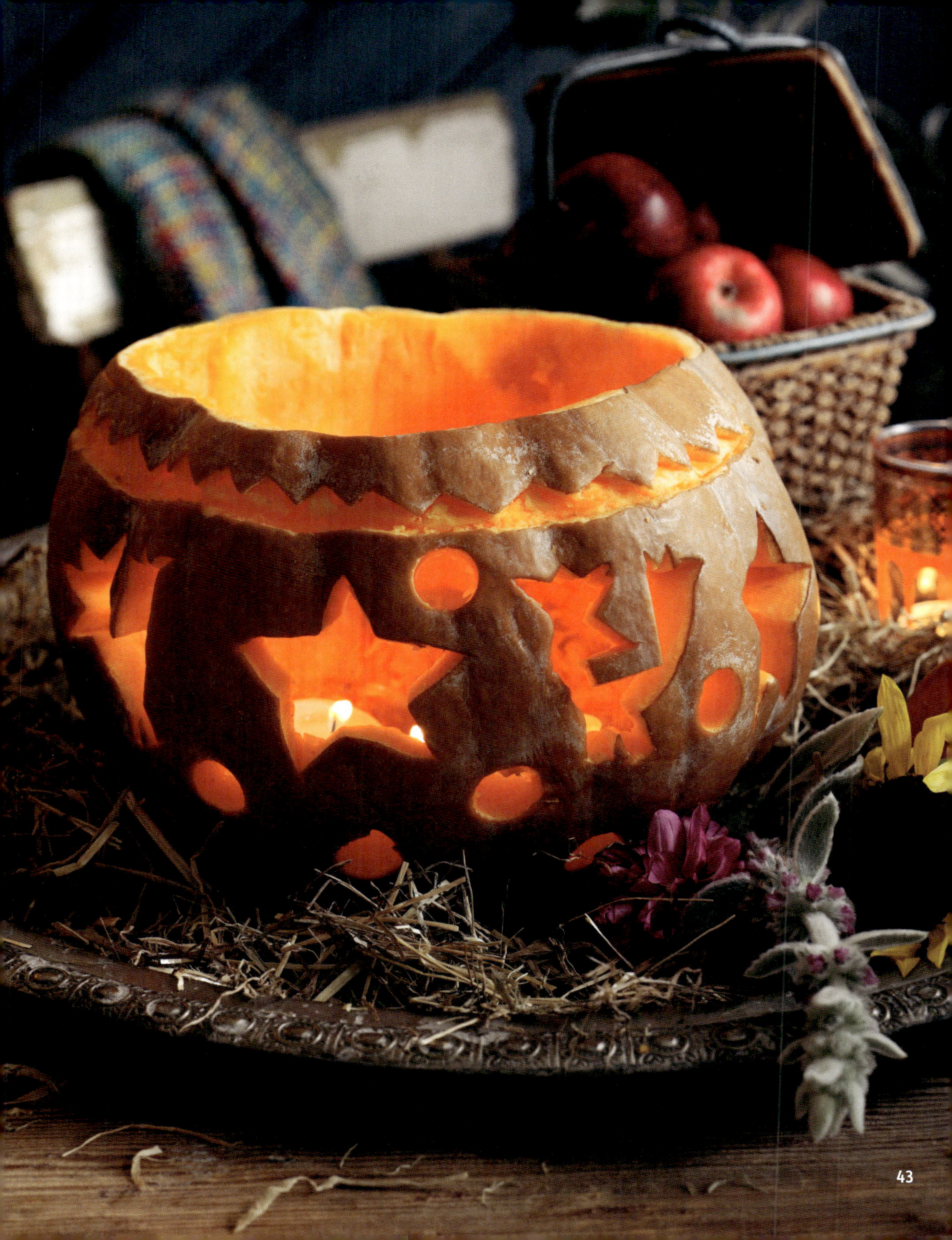

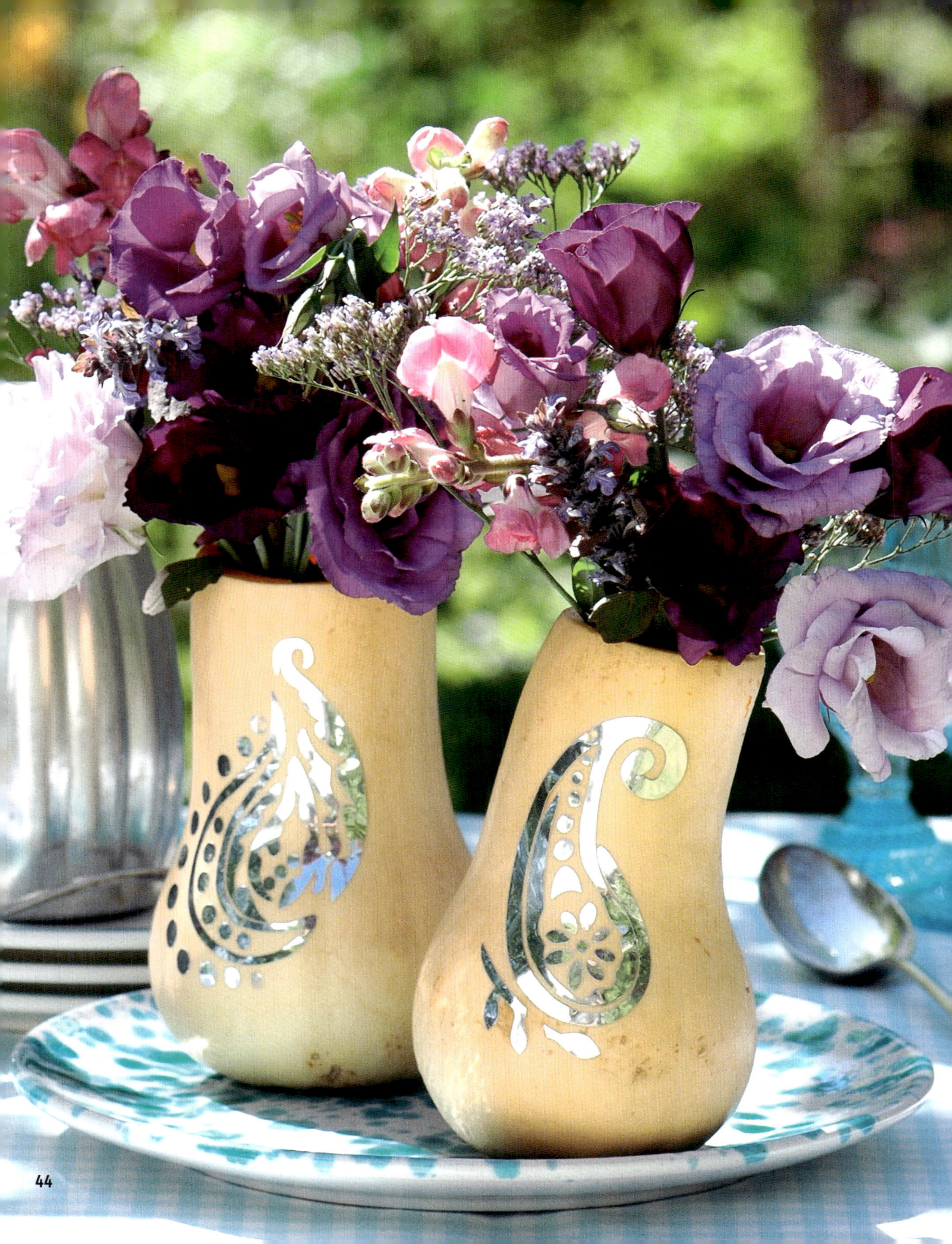

KÜRBIS-VASE

in frischen Farben

1 Deckel mit Filzstift anzeichnen und mit dem Küchenmesser herausschneiden. Mit einem Löffel aushöhlen.

2 Dekorsticker Ornamente aus Silberfolie aufkleben: Ornament grob ausschneiden, rückseitiges Schutzpapier abziehen, auf Kürbis platzieren, gut andrücken und sehr vorsichtig Stück für Stück die obere Schutzfolie abziehen. Dabei die Einzelteile des Ornamentes fest andrücken.

3 Ein schmales Glas mit Wasser füllen und in den Kürbis stellen, dann die Blumen hineingeben.

MATERIAL

Flaschenkürbisse
Küchenmesser
Filzstift
Löffel
Dekorsticker aus Silberfolie
Schmales Glas
Lisianthus
Strandflieder
Löwenmäulchen

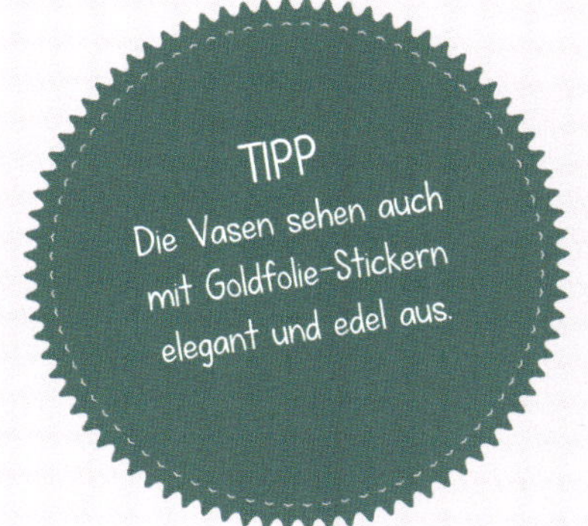

MiNi-VASEN

im Herbstlook

1 Kürbisse unten gerade schneiden. Oben mit Filzstift den Deckel anzeichnen und mit einem Messer herausschneiden. Kürbis aushöhlen.

2 Für alle drei Kürbisse wurde dieselbe Schablone benutzt, allerdings unterschiedliche Teile davon. Die Grundschablone ist ca. 6,5 cm breit und entsteht durch mehrfaches Falten eines Papierstreifens in 3 cm breite Segmente. Unten und oben einen Bogen anzeichnen und je mittig in die Bögen ein Loch mit Lochzange durch den gefalteten Streifen einfügen. Den gefalteten Streifen auffalten und einmal längs in der Mitte falten. Jetzt kann man sehr leicht das mittlere Kreuz zum Anzeichnen herausschneiden.

3 Schablone mit Dekonadeln aufstecken. Nach und nach immer nur ein kleines Stück aufstecken und anzeichnen, dann lösen, damit man das Muster der Rundung des Kürbisses anpassen kann. Mit abwaschbarem Filzstift nachzeichnen (siehe Grundanleitung Seite 10).

4 Für den hohen Kürbis wurde das gesamte Muster benutzt und durch Spitzbögen oben und unten ergänzt. In der Mitte wurde ein Stern geritzt und die Bögen durch weitere Löcher ergänzt.

5 Für den gelben Kürbis wurde nur die untere Bogenkante der Schablone mit den Spitzbögen und je einem Loch benutzt.

6 Der orange Kürbis hat lediglich eine Sternbordüre in der Mitte, die eine Erweiterung aus den mittleren Kreuzen der Schablone ist.

MATERIAL

Zierkürbisse, z.B. Butternuss- und Patisson-Kürbisse

Scharfes Messer

Löffel

Wasserlöslicher Filzstift

Schablone, ca. 6,5 cm breit

Dekonadeln

VORLAGE FÜR SCHABLONE SEITE 58

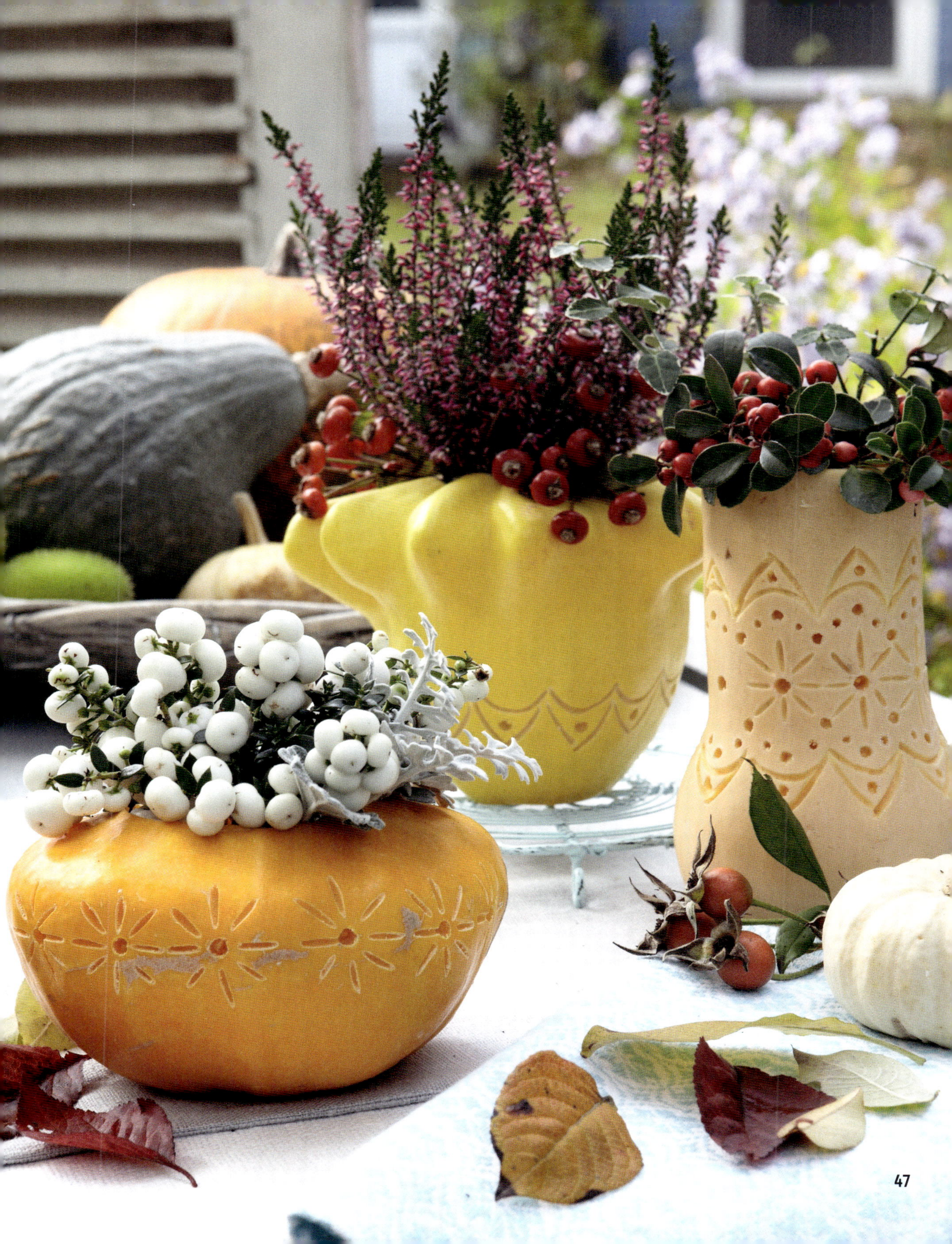

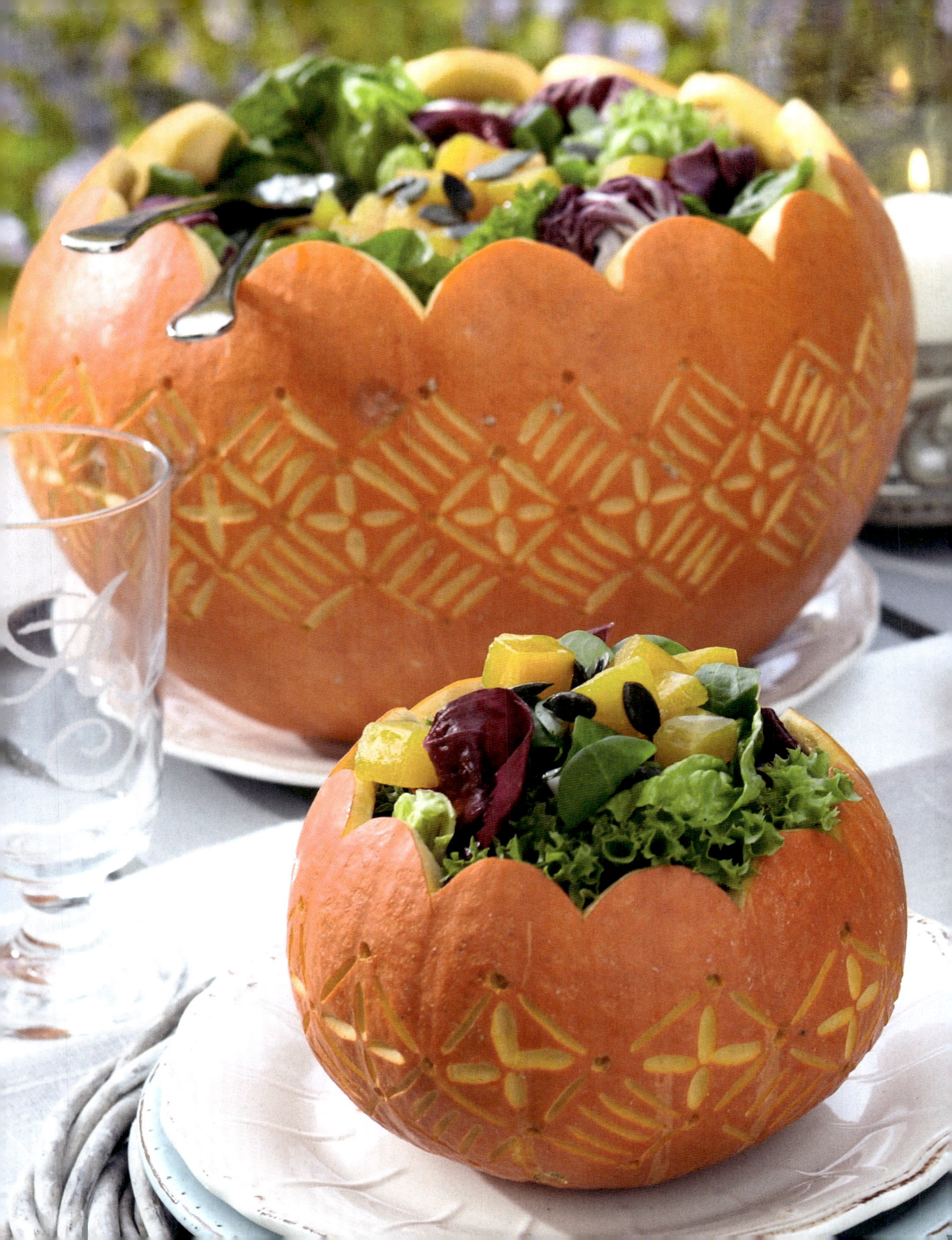

HERZHAFTE KÜRBIS-REZEPTE

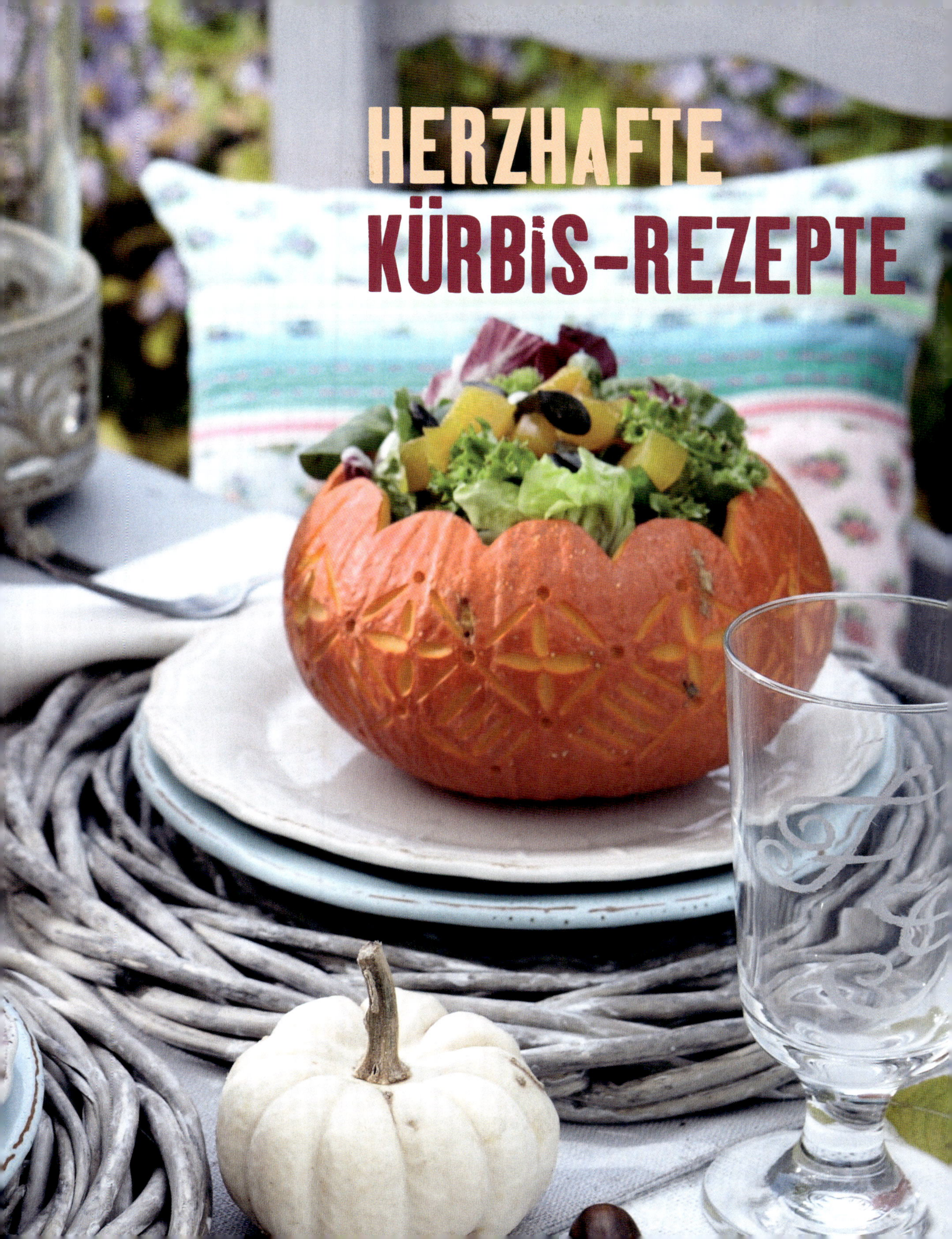

CREMIGE KÜRBIS-SUPPE

im Kürbis serviert

1 Kürbis in Spalten schneiden und entkernen. In kleine, etwa gleich große Kürbisstücke würfeln. Möhren schälen, waschen und in kleine Stücke schneiden. Zwiebeln schälen und fein schneiden.

2 Fett erhitzen und die Zwiebelstücke darin andünsten. Brühe hinzufügen und aufkochen lassen.

3 Jetzt den Kürbis und die Möhren zugeben. Mit Salz und Cayennepfeffer würzen. Ca. 20 - 30 Minuten kochen lassen, dabei die Hitze auf kleine Flamme herunterstellen.

4 Mit einem Pürierstab die Suppe im Topf pürieren. Crème Fraîche unterrühren. Nach Geschmack Kurkuma hinzugeben, nochmals mit Salz und Pfeffer abschmecken.

5 Heiß servieren. Wer mag, kann vor dem Verzehr noch geröstete Kürbiskerne oder zerkleinerte Gemüsechips darüber streuen.

ZUTATEN (FÜR 8 PERSONEN)

2,5 kg Kürbisfleisch (Hokkaido)

700 g Möhren

2 Zwiebeln

2 EL Butter

2 Liter Gemüsebrühe, instant

Salz

Cayennepfeffer

Kurkuma

100 g Crème Fraîche

Geröstete Kürbiskerne oder Gemüsechips

TIPP

Wenn Sie die Suppe nicht direkt servieren, kann sie beim Abkühlen leicht eindicken. Einfach nach Bedarf etwas Gemüsebrühe hinzugeben.

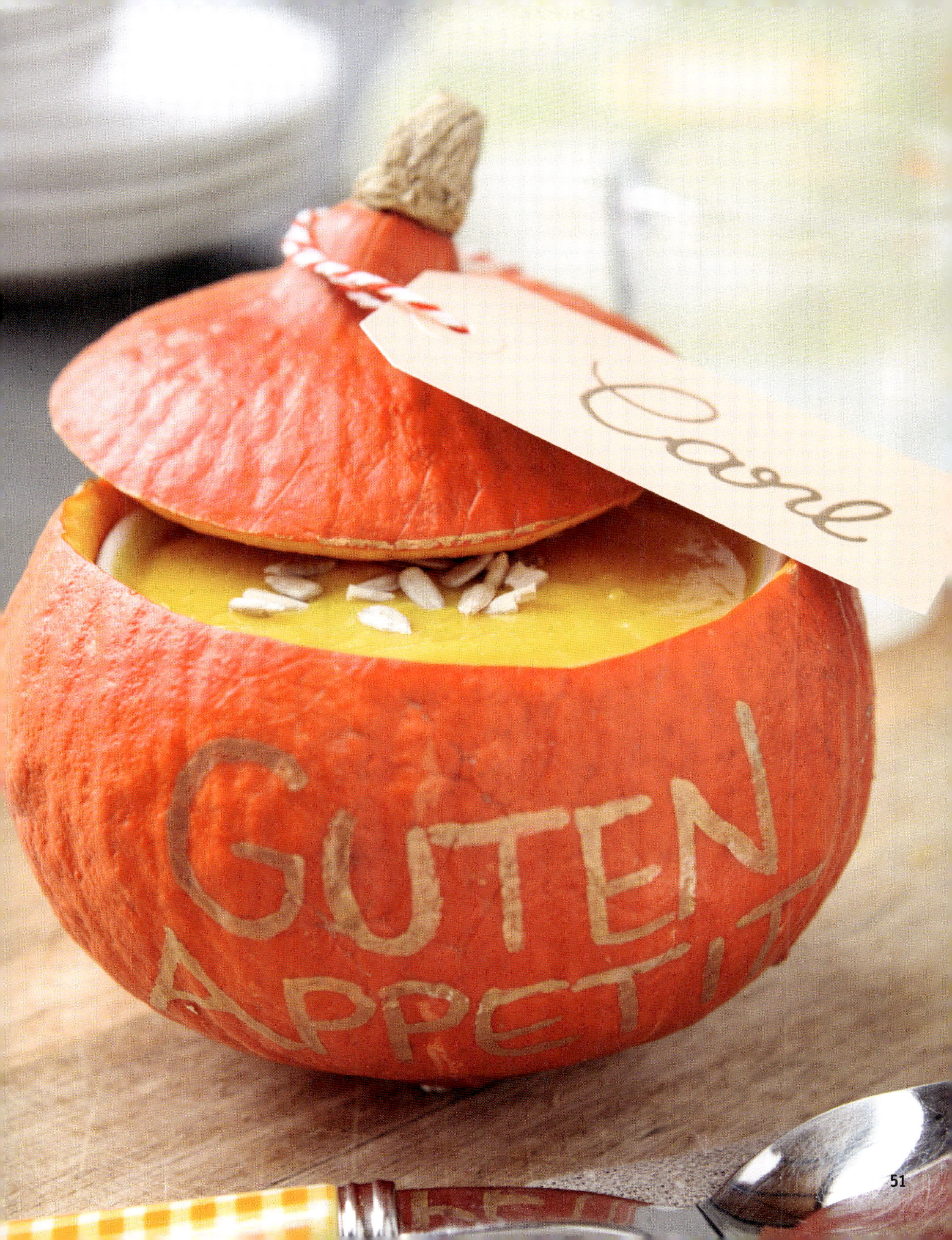
Carl
GUTEN
APPETIT

SUPPENSCHÜSSEL „GUTEN APPETIT"

mit Namensschild

1 Die Schale über den Deckel des Kürbis legen und mit dem Filzstift einmal außen herum zeichnen.

2 Den Deckel des Kürbis entlang der aufgezeichneten Linie ausschneiden. Mithilfe des Löffels den Kürbis soweit aushöhlen, bis die Schale hineinpasst. Aus dem Fruchtfleisch kann später die Suppe zubereitet werden.

3 Die Schüssel in den Kürbis stecken. Mit dem kupferfarbenen Filzstift „Guten Appetit" auf den Kürbis schreiben. Das Etikett mit Namen versehen und mit dem Fleischerband an den Deckel des Kürbis hängen.

MATERIAL

Kürbis

Schale, die in den Kürbis passt

Lackmalstift in Gold und Kupfer

Scharfes Messer

Löffel

Etikett

Fleischerband in Rot-Weiß

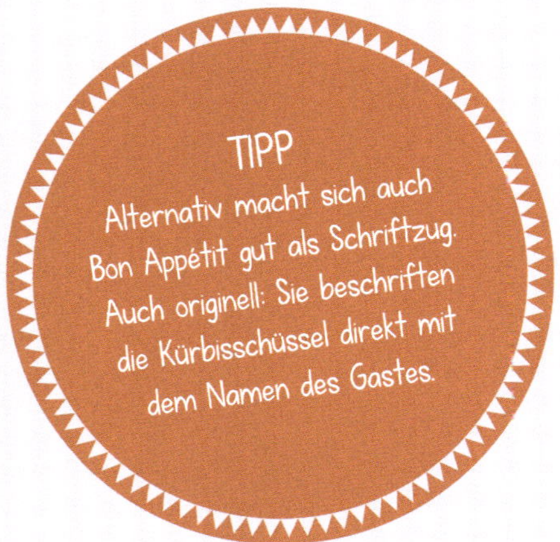

TIPP

Alternativ macht sich auch Bon Appétit gut als Schriftzug. Auch originell: Sie beschriften die Kürbisschüssel direkt mit dem Namen des Gastes.

KÜRBIS-SALAT MIT FETA

stilvoll angerichtet

1 Den Ofen auf 220°C vorheizen. Kürbis kleinschneiden und auf ein Backblech legen. Mit dem Olivenöl vermischen und mit Pfeffer und Salz würzen. Das Ganze für 25-35 Minuten im Ofen backen. Ein paar Mal zwischendurch wenden, bis der Kürbis schön goldbraun ist. Dann aus dem Ofen nehmen und abkühlen lassen.

2 Für das Dressing in einem Topf den Honig zum Kochen bringen. Den Essig dazugeben und auf ¼ einkochen lassen.

3 100 ml Öl dazugeben, wieder zum Kochen bringen und das Dressing dann abkühlen lassen.

4 Den noch warmen Kürbis in einer Schüssel mit 5 EL Dressing mischen und den Spinat oder Rucola vorsichtig unterheben.

5 Wenn Sie möchten, können Sie noch Feta und geröstete Pinien- oder Kürbiskerne untermischen.

ZUTATEN

1 Muskatkürbis, geschält, entkernt und in Stücke geschnitten

2 Tassen Spinat oder Rucola

100 ml Olivenöl

Salz & Pfeffer

100 ml Olivenöl

2 EL Honig

75 ml Rotweinessig

Ggf. 100 g Feta

Ggf. 2 EL Pinienkerne

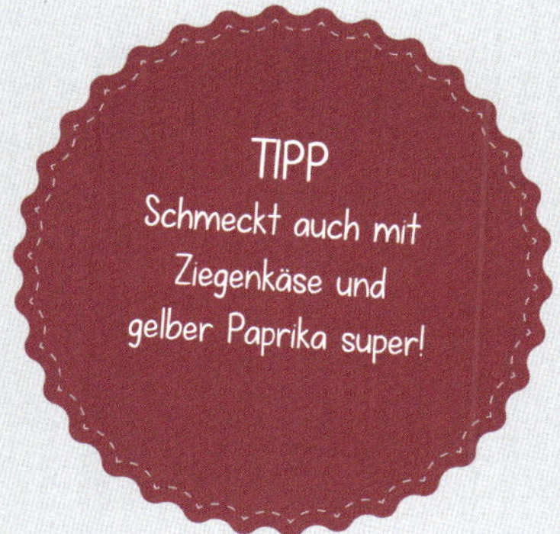

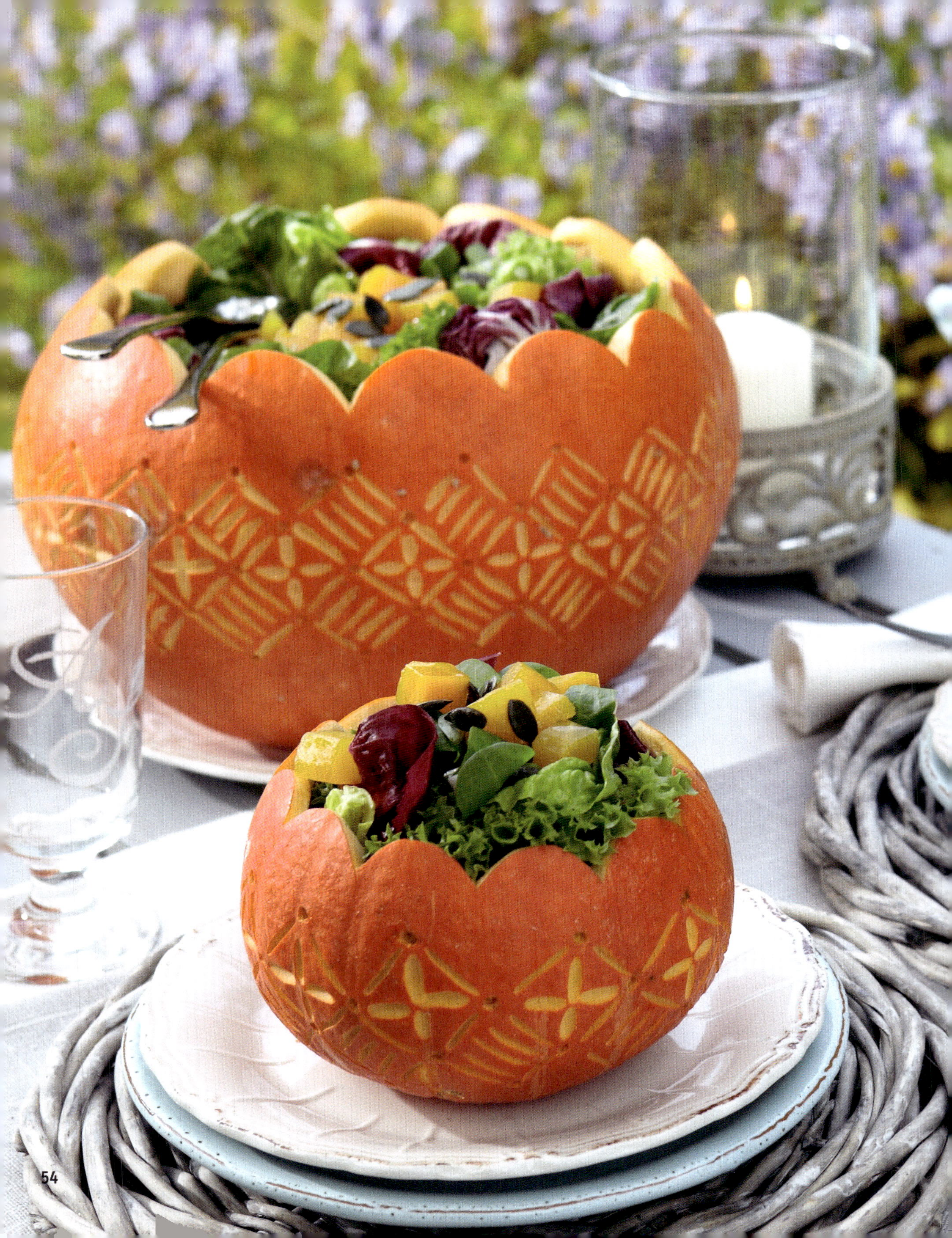

KÜRBIS-SALAT-SCHÜSSELN

als Hingucker

1 Kürbisse unten gerade schneiden.

2 Oben mit Filzstift den Deckel anzeichnen und mit großem Messer herausschneiden. Kürbis aushöhlen.

3 Für den großen und auch die kleinen Kürbisse eine Wellenschablone herstellen: Papierstreifen ziehharmonika-ähnlich in der Breite der gewünschten Wellen falten, Rundung anzeichnen, ausschneiden. Mit einem abwaschbaren Filzstift am Rand des Kürbisses anzeichnen und mit einem Küchenmesser ausschneiden (siehe Grundanleitung Seite 11).

4 Anschließend den Kürbis von innen vorsichtig dünner ausarbeiten, damit der Rand zarter wirkt.

MATERIAL

Hokkaido- oder Muskatkürbisse in verschiedenen Größen

Scharfes Messer

Löffel

VORLAGE FÜR SCHABLONE SEITE 59

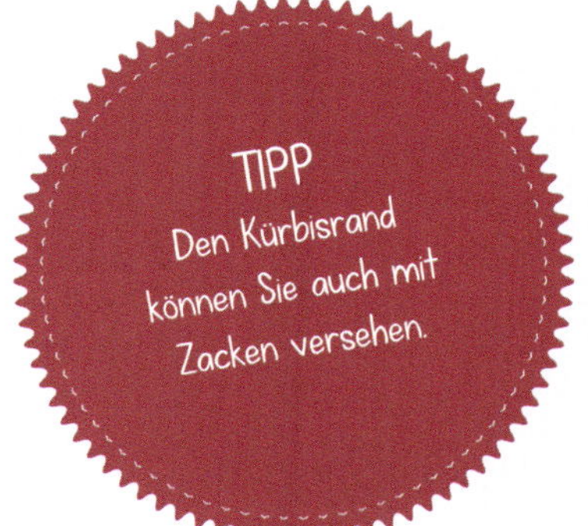

PiKANTES KÜRBiS-CURRY

rustikal serviert

1 Kürbis waschen, schälen, entkernen und in Würfel schneiden. Zwiebeln und Knoblauch schälen und fein würfeln. Ingwer schälen und hacken.

2 Öl in einem großen Topf erhitzen. Zwiebeln und Chiliflocken andünsten. Knoblauch und Ingwer dazugeben, 3 Minuten unter Rühren mitdünsten. Kürbiswürfel, Currypulver und Kümmel dazugeben und kurz mitdünsten.

3 Mit Kokosmilch aufgießen und mit Salz und Pfeffer abschmecken. Alles abgedeckt ca. 20 Minuten bei geringer Hitze köcheln lassen.

4 Minze und Koriander waschen, trocken schütteln und fein hacken. Das Curry mit den frischen Kräutern garniert servieren. Wer mag, kann es noch mit gehackten, gerösteten Erdnüssen bestreuen. Dazu passt Basmati- oder Jasminreis.

So servieren Sie Ihr Curry stilecht direkt im ausgehölten Kürbis:

1 Kürbis aushöhlen, ohne die Schale zu beschädigen.

2 Motiv mit einer Vorlage oder von Hand auf Butterbrotpapier zeichnen. Ein Stück Kohlepapier sowie die eben angefertigte Zeichnung mit Klebeband am Kürbis befestigen und die Kontur abpausen.

3 Mit einem Linolmesser vorsichtig die obere Schalen entfernen.

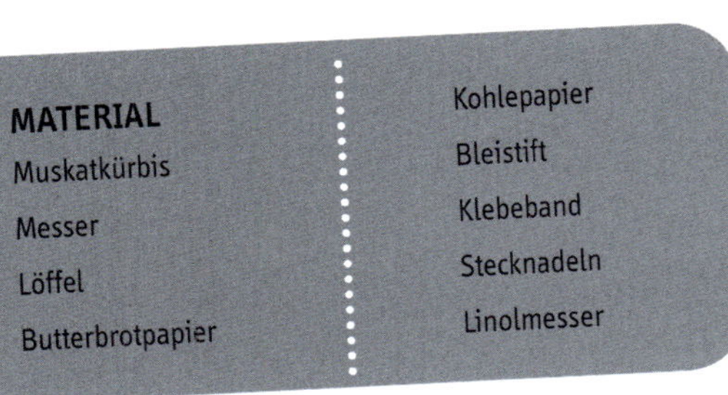

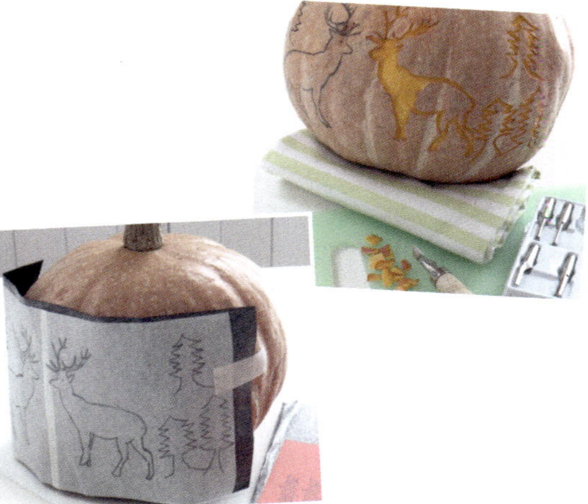

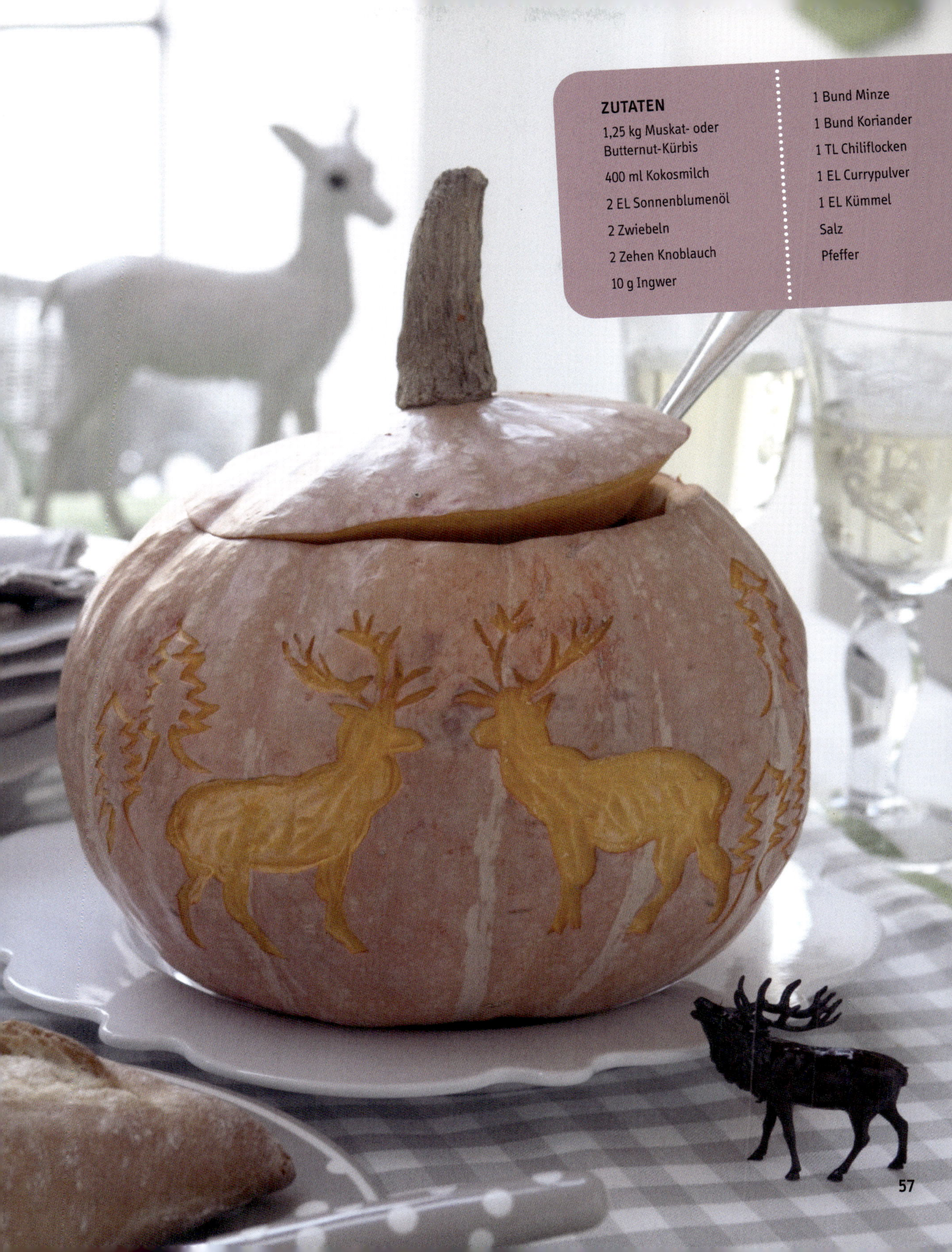

ZUTATEN

1,25 kg Muskat- oder Butternut-Kürbis

400 ml Kokosmilch

2 EL Sonnenblumenöl

2 Zwiebeln

2 Zehen Knoblauch

10 g Ingwer

1 Bund Minze

1 Bund Koriander

1 TL Chiliflocken

1 EL Currypulver

1 EL Kümmel

Salz

Pfeffer

VORLAGEN

Mini-Vasen
Seite 46
Vorlagen auf 200% vergrößern

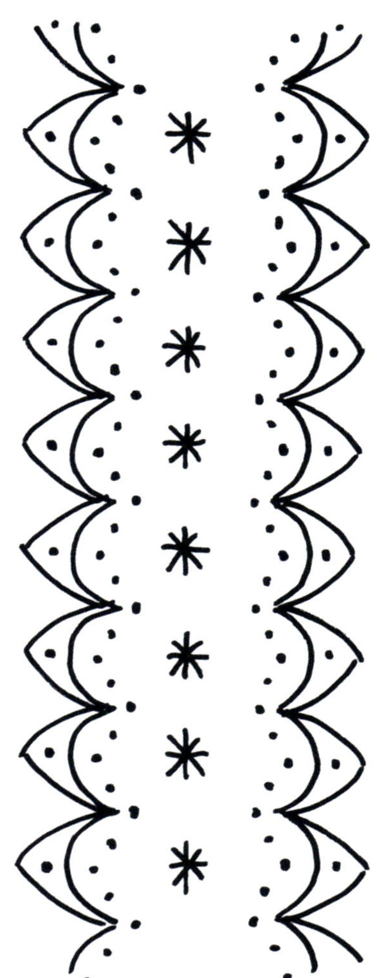

VORLAGEN

Kürbis-Salat-Schüsseln
Seite 54
Vorlagen auf 200% vergrößern

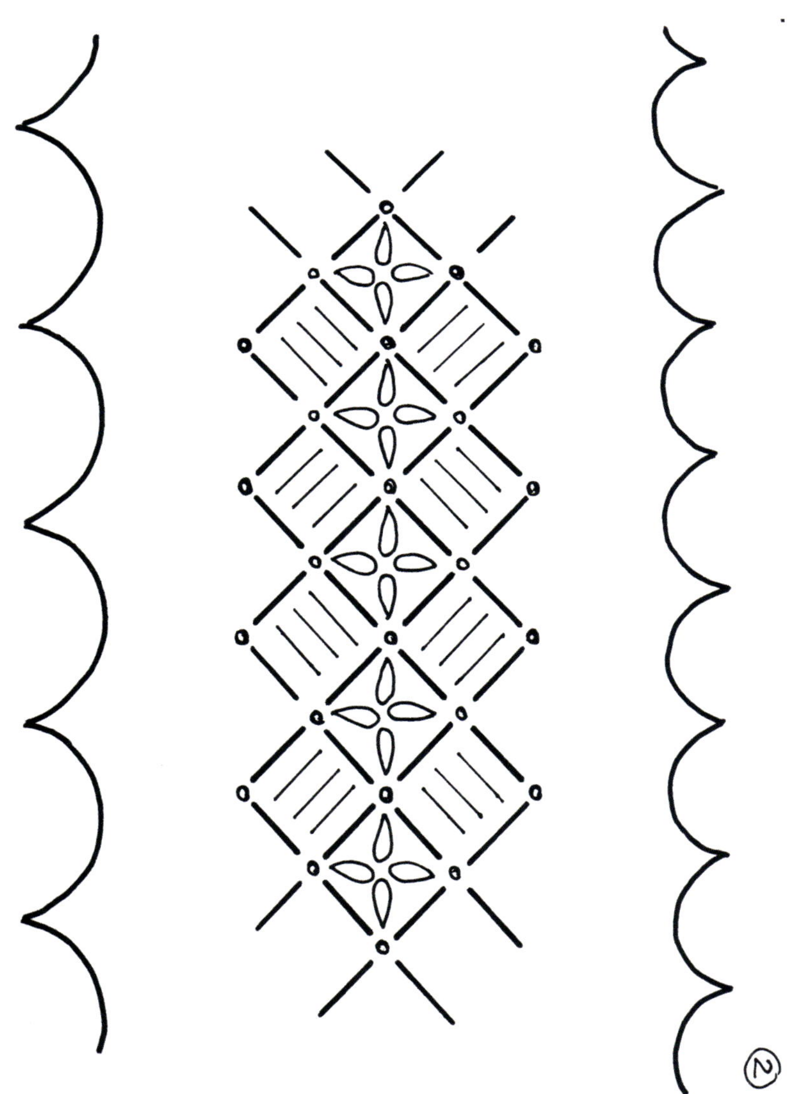

ÄHNLICHE KREATIVTHEMEN GESUCHT?

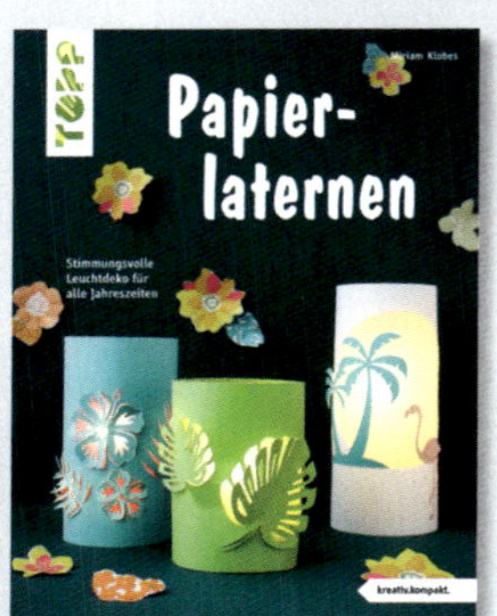

ISBN 978-3-7724-4320-6

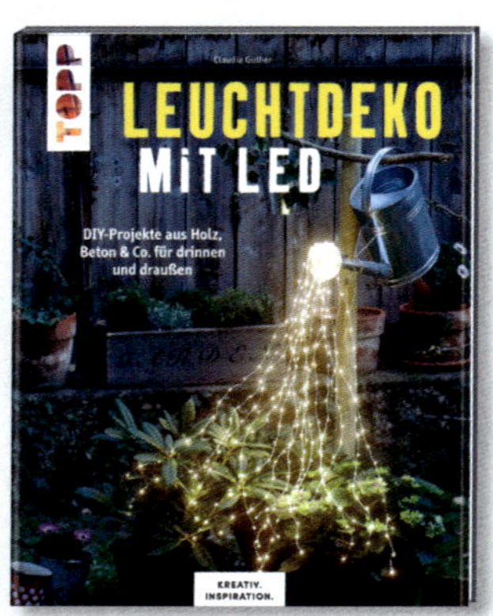

ISBN 978-3-7724-7545-0

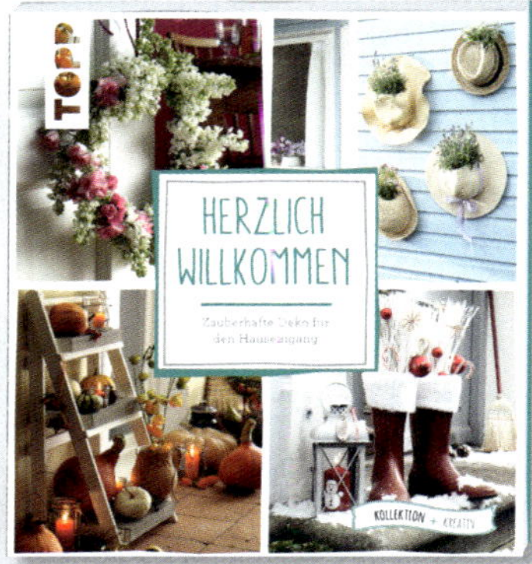

ISBN 978-3-7724-7811-6

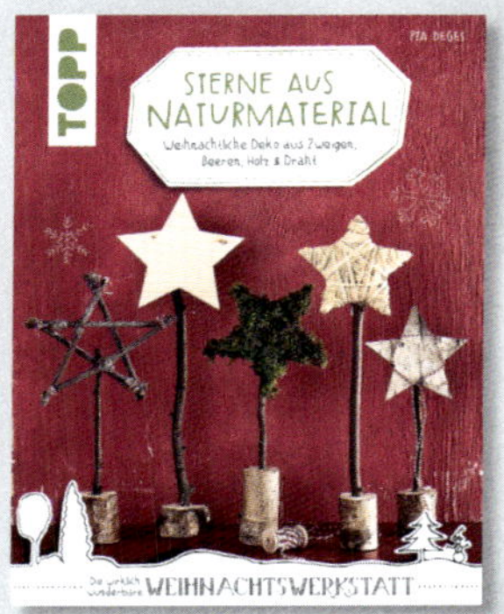

ISBN 978-3-7724-4321-3

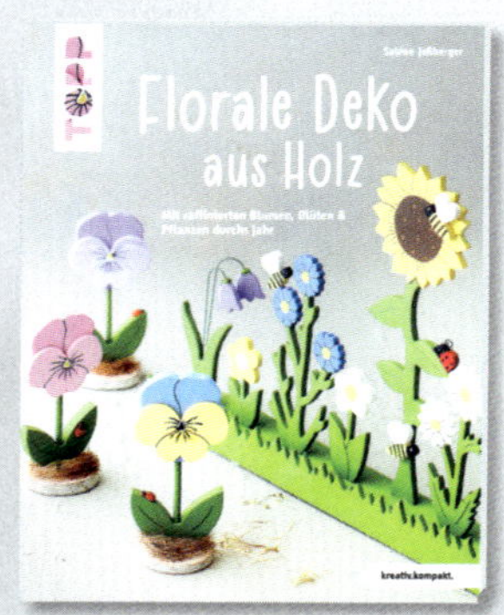

ISBN 978-3-7724-4371-8

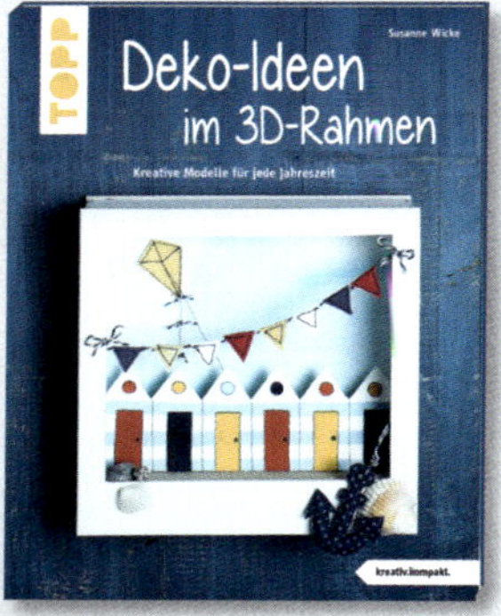

ISBN 978-3-7724-4370-1

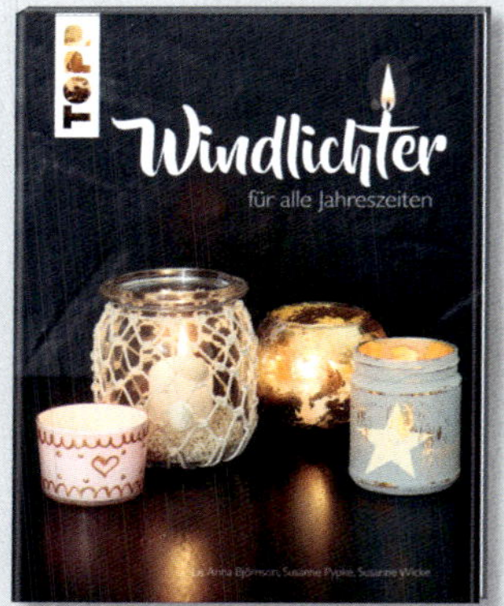

ISBN 978-3-7724-7112-4

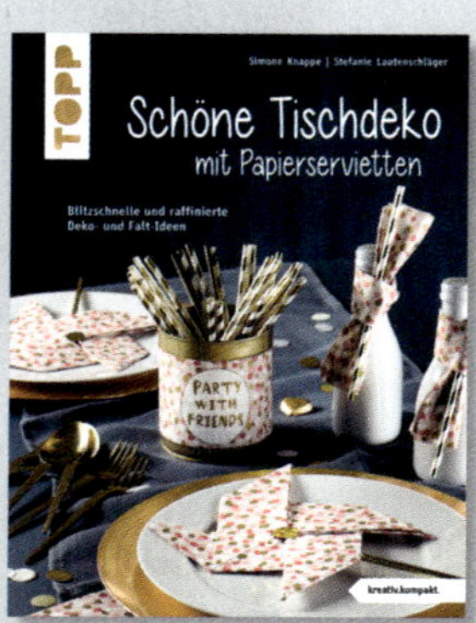

ISBN 978-3-7724-4144-8

#TOPPPROJEKT

Die eigene Kreativität zeigen: TOPPprojekt mit anderen Kreativen teilen und Teil der Gemeinschaft werden.

DIY-begeistert und auf Instagram? Dann unbedingt mitmachen! Hier gibt's Tipps und Feedback zu den eigenen Projekten. Außerdem verlosen wir jeden Monat ein Überraschungspaket. Um am Gewinnspiel teilzunehmen, einfach ein Bild vom Kreativ-Projekt aus unseren Büchern mit #TOPPprojekt posten und unserem Account @frechverlag folgen. Mehr Infos auf TOPP-kreativ.de/TOPPprojekt

Mach mit beim

#TOPPprojekt

#TOPPprojekt
@frechverlag

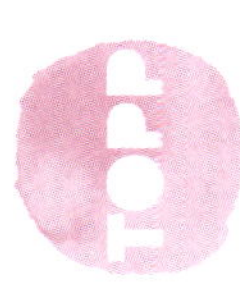

Website

Auf TOPP-kreativ.de gibt es ein riesiges Angebot von über 1.000 Kreativbüchern, Sets & mehr entdecken.

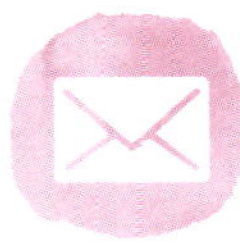

Newsletter

Gleich anmelden unter: TOPP-kreativ.de/newsletter und immer als Erstes von unseren Neuheiten und Sonderaktionen erfahren.

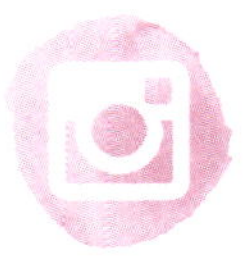

Instagram

@frechverlag

Pinterest

pinterest.com/frechverlag

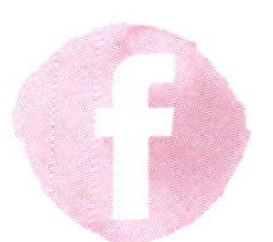

Facebook

facebook.com/frechverlag

DigiBib

Hier gibt es zusätzlich zu vielen unserer Bücher digitale Extras, wie Video-Tutorials, Plotter-Dateien, Vorlagen, Übungsblätter & vieles mehr. Einfach im Impressum eines TOPP-Buchs den Freischalte-Code nachschlagen und exklusive Inhalte freischalten. TOPP-kreativ.de/digibib

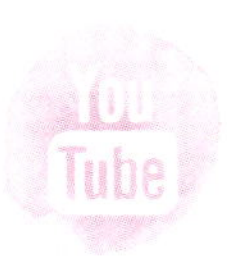

Youtube

youtube.com/frechverlag

KREATiV-HOTLiNE

Hilfestellung zu allen Fragen, die Materialien und Bücher zu kreativen Hobbys betreffen:
Frau Erika Noll berät euch. Ruf an oder schreib eine E-Mail!

Telefon: 0 50 52 / 91 18 58*
*normale Telefongebühren

E-Mail: mail@kreativ-service.info

iMPRESSUM

PROJEKTMANAGEMENT UND LEKTORAT: Eva Schrecklinger
HERSTELLUNG: Sophia Höpfner, Jessica Siebert
UMSCHLAGGESTALTUNG: Sandra Preinl unter Verwendung eines Bildes von Flora Press Agency GmbH, Hamburg
FOTOS: Flora Press Agency GmbH, Hamburg
Druck & Bindung: DRUK-INTRO S.A., Polen

1. Auflage 2020

ISBN 978-3-7724-7184-1 • BEST.-NR. 7184